Michael F. Petz

Führen – Fördern – Coachen

NewBusinessLine

■ Wie man Mitarbeiter
zum Erfolg führt

UEBERREUTER

Die Deutsche Bibliothek – CIP-Einheitsaufnahme

Petz, Michael F.:
Führen – Fördern – Coachen : Wie man Mitarbeiter zu Erfolg führt /
Michael F. Petz. – Wien : Wirtschaftsverl. Ueberreuter, 1997
(New Business Line : 50-Minuten-Script ; 74)
(Manager-Magazin-Edition)
ISBN 3-7064-0737-X

S 0629   2 3 4 / 2002 2001 2000
Technische Redaktion: Dr. Andreas Zeiner
Umschlag: Init, Bielefeld
Illustrationen: Josef Koo
Copyright © 1997, 2000 by Wirtschaftsverlag Carl Ueberreuter,
Wien/Frankfurt
Printed in Hungary

Inhalt

Die Diskussion um das Für und Wider des »richtigen« oder »falschen« Führungsstils ist so alt wie die Auseinandersetzung mit diesem Thema.

Wir leben heute in sozialen Ordnungssystemen mit einem Menschenbild von »Würde« und geistiger Autonomie, sehen also den Menschen als eigenverantwortliches und selbständig denkendes Wesen, ausgestattet mit einer Vielzahl an rationalen und emotionalen Fähigkeiten.

Als so beschriebenes Individuum hat der Mensch im Bereich seiner privaten und sozialen Lebensgestaltung zunehmend Freiraum und Gestaltungsfreiheit erlangt und weiß diese zu nutzen.

Viele Mitarbeiter laufen privat zur »Hochform« auf, haben anspruchsvolle Hobbys und Interessen, die Organisationstalent und Führungsqualität erfordern. Am Arbeitsplatz aber werden diese Talente nicht genutzt und nicht gefördert. Wenn Vorgesetzte Kundenzufriedenheit, Betriebsergebnis und Mitarbeiterzufriedenheit optimieren sollen, so gilt es, die »Human Resources« zu nutzen, das heißt, die Leistungsbereitschaft und die Kreativität von Mitarbeitern durch geeignetes Führungsverhalten zu fördern und zu coachen.

Dieses Buch zeigt bewährte Techniken und Instrumente und hilft bei der Antwort auf die Fragen:

- ■ Was kann der Mitarbeiter?

- ■ Welche Motive leiten ihn?

- ■ Wieviel Entwicklungspotential steckt in ihm?

- ■ Wie läßt sich Führung in Kommunikation umsetzen?

- ■ Was ist eine Zielvereinbarung?

Die Fallbeispiele am Ende des Buches sollen Gelegenheit bieten, das Gelernte in die Praxis umzusetzen.

Michael F. Petz

Michael F. Petz, Dipl. Pol. und Betriebswirt ist Mitinhaber einer Unternehmens-beratung. Als Führungs- und Managementtrainer kennt er das Thema »Führen« sowohl aus eigener Führungsverantwortung als auch aus Seminaren und Bera-tungsprojekten. Das bewährte Seminar »Führen – Fördern – Coachen« vermittelt die Inhalte dieses Buches für Wirtschaft, Wissenschaft und Verwaltung.

Teil 1:
Wertewandel/Mitarbeiterbild

In den vergangenen 100 Jahren haben sich die Vorstellungen »über die Natur des arbeitenden Menschen« massiv verändert. Zu Beginn der Industrialisierung standen technologische Überlegungen im Vordergrund, deren Zielsetzung es war, die menschliche Arbeitsproduktivität zu steigern.

Die bekannten Theoretiker dieser Bestrebungen (Taylor, Smith und andere) sahen den Menschen als mechanischen Produktionsfaktor, dessen äußere Arbeitsbedingungen es zu rationalisieren galte. Außerdem war der Mensch aus ihrer Sicht ausschließlich durch materiellen Anreiz zur Arbeit zu bewegen – also ohne wesentliche Eigeninitiative und in Gefühlen wie Entscheidungen sehr irrational.

Das »Scientific Management« diente also wesentlich der Rationalisierung und Arbeitsteilung im Betrieb. Diese »wissenschaftliche Betriebsführung« wollte die Methoden und Erkenntnisse der Wissenschaft zur Erhöhung der Produktivität einsetzen.

Wesentliche Elemente des Scientific Management:

- Arbeits- und Zeitstudien,

- Normierung und Standardisierung von Abläufen,

- Auslese geeigneter Arbeiter,

- Organisation des Betriebes,

- Leistungsentlohnung.

Der nachfolgende »Human-Relations«-Ansatz trägt den geänderten gesellschaftlichen Verhältnissen Rechnung. Mit dem Wandel der Staats- und Gesellschaftsformen in Richtung mehr Freiheit, Pluralität und Individualität änderten sich auch die Erwartungen der Menschen an ihre Arbeit und ihr Verhalten am Arbeitsplatz. Die »Zufriedenheit« der Menschen an und mit ihrem Arbeitsplatz bestimmte zunehmend das Leistungsergebnis.

Die wichtigsten Erkenntnisse der »Human-Relations«-Bewegung:

- Der Mensch ist zunehmend von sozialen Komponenten motiviert und nicht nur von materiellen.

- Das Arbeitsergebnis und das Verhalten gegenüber der Unternehmensleitung wird durch soziale Normen bestimmt, das heißt, Einfluß und Bedeutung von Gruppen nehmen zu.
  Das Unternehmen hat also nicht nur eine technisch-rationale Ausprägung, sondern auch eine soziale, mit Streben nach Anerkennung, Sicherheit und Zugehörigkeit – der Mensch als Gruppenwesen.

■ Relativierung der finanziellen Anreize, zentrale Stellung von nicht materieller Be- und Entlohnung,

■ Bedeutung der Kommunikation zwischen den Rangstufen,

■ Bedeutung der Arbeitszufriedenheit für die Arbeitsleistung,

■ Bedeutung der inneren Einstellung zur Arbeit (Motivorientierung).

Auf der Basis dieser Erkenntnisse wurden Konzepte entwickelt, welche die veränderten Annahmen über die Natur des Menschen berücksichtigen:

■ der arbeitende Mensch ist im wesentlichen von sozialen Bedürfnissen, nicht vom materiellen Be- und Entlohnungssystem motiviert;

■ er erhält sein Zugehörigkeitsgefühl, sein Gefühl für Identität, seine Bereitschaft und seinen Willen zur Integration in die soziale Organisation durch seine Beziehungen zu anderen Menschen am Arbeitsplatz;

■ er reagiert auf soziale Einflüsse, soziale Normen und »Standards«, die typisch für die Gruppe sind, zu der er gehört, weit stärker als auf die materiellen Belohnungs-, Entlohnungs- und Kontrollsysteme der Organisation;

■ er reagiert auf die Erwartungen der Betriebsleitung je nachdem, ob die Vorgesetzten seine persönlichen Bedürfnisse am Arbeitsplatz berücksichtigen oder mißachten;

■ der arbeitende Mensch im Betrieb muß versuchen, seine Bedürfnisse in den sozialen Beziehungen am Arbeitsplatz zu befriedigen, da als Ergebnis der industriellen Revolution und ihres Strebens nach Spezialisierung, Effizienz und Rationalisierung die Arbeit für den einzelnen sonst ihren Sinn verlieren würde.

Die aktuellen Ansätze der neueren Entwicklung sind unter dem Namen »Human-Resources-Modell« bekanntgeworden.

Die Erkenntnis, daß Menschen in ihrer Arbeit einen Sinn erkennen wollen (Identifikation), steht im Mittelpunkt der heutigen Betrachtungsweise. Je mehr Menschen an Entscheidungen mit- bzw. auf sie eingewirkt haben, je mehr sie sich als »Mitarbeiter« sehen, um so größer ist die Zufriedenheit mit ihrer Arbeit. Das kreative Potential von Mitarbeitern aktivieren, heißt Menschen zu motivieren und gleichzeitig dem Betrieb einen optimalen Nutzen zu generieren.

Diese Erkenntnis liegt auch dem Prinzip »Gruppenarbeit« zugrunde. Durch Neuorganisation des Produktionsablaufes in Form teilautonomer Fertigungsgruppen erlangt der einzelne Mitarbeiter wieder den unmittelbaren Bezug zu seiner Arbeit bzw. der Arbeitsleistung der Gruppe.

Die »Mini-Fabrik« innerhalb der großen Fabrik ist somit die relativ späte, aber konsequente Antwort auf die Herausforderungen eines sich immer anonymer und automatisierter entwickelnden Produktionsablaufes.

Das für wettbewerbs- und kundenorientierte Abläufe entscheidende Kriterium einer »internen Kunden-Lieferanten-Beziehung« läßt sich nur noch erfüllen, wenn der einzelne die Wünsche und Erwartungen »seiner« Kunden kennt und sich für diese engagiert. Das hierfür erforderliche Motivationspotential muß er aus seinem Arbeitsumfeld (Chef, Kollegen etc.) gewinnen können.

→ Management ist die Kunst, Talente richtig einzusetzen.

Robert McNamara

Mit zunehmender Saturiertheit der materiellen Versorgung und des Lebensstandards sinkt bei Arbeitnehmern das primäre Interesse an Geld und materiellen Äquivalenten. Analog dem Gesetz vom »abnehmenden Grenznutzen« verschafft jeder neu hinzukommende Gehaltsteil weniger zusätzliche Zufriedenheit.

Diese Entwicklung ist ein weiteres Indiz für die Richtigkeit der Theorie des Human-Resources-Modells. Arbeitszufriedenheit generiert sich zunehmend weniger aus materiellen Quellen als vielmehr aus immateriellen Faktoren. Verantwortung tragen, eine abwechslungsreiche Tätigkeit ausüben, Anerkennung durch Vorgesetzte und Kollegen erfahren – diese Seiten des Berufslebens erlangen immer größere Bedeutung.

Für Vorgesetzte heißt dies, sich zunehmend mit dem »Mensch« Mitarbeiter und seinen Motiven und Interessen auseinanderzusetzen. Die »Arbeitskraft« ist zwar selbstverständlich ein wichtiger, aber eben nur ein Teilaspekt des Mitarbeiters. Wo »Führen« vermehrt »Fördern« und »Coachen« heißt, müssen Vorgesetzte über Know-how und Instrumente zur Bewältigung dieser Aufgabe verfügen.

Nicht umsonst veranstalten große Betriebe immer öfter Mitarbeiterbefragungen, die dem Vorgesetzten Informationen über die Interessen und die Zufriedenheit seiner Mitarbeiter zur Verfügung stellen.

Wenn fast in jedem Betrieb Mitarbeiter- und Zielvereinbarungsgespräche geführt werden, so dienen auch diese Instrumente größtenteils der Kommunikation über Fähigkeiten, Interessen und Perspektiven der Mitarbeiter. Das »Betriebsklima« – als Inbegriff alles nicht Definierbaren häufig von Vorgesetzten belächelt – wird zum mitentscheidenden Kriterium für die Leistungs- und Entfaltungsbereitschaft von Mitarbeitern.

Die weitere »Beweisführung« für das hier Gesagte mündet schließlich in der bekannten Tatsache, daß individuelles und kollektives »Wohlgefühl« die Ausfallzeiten durch Krankheit und ähnliches dramatisch verringert.

Die vier Managementebenen

Auf jeder der klassischen vier Organisationsebenen sind andere Fähigkeiten für die Effizienz ausschlaggebend. Für den Mitarbeiter im technischen Bereich oder in der Verwaltung, der keine Führungsaufgaben zu erfüllen hat, ist das wichtigste sein Fachwissen, das heißt Sachkenntnisse, die zur Erfüllung seiner Aufgaben erforderlich sind.

Fachwissen benötigt der Arbeiter am Band ebenso wie der Programmierer am Computer, der Lehrer im Unterricht, der Verkaufsberater beim Kunden etc.

Wird ein Mitarbeiter jedoch befördert, so wird die Zeit, die er mit fachlichen Dingen verbringt, gewöhnlich immer kürzer. Das heißt nicht, daß sein Fachwissen weniger wichtig wird, doch bekommen auf den höheren Führungsebenen andere Fähigkeiten vorrangige Bedeutung:

■ Ebene	■ Anforderungen
Top-Management	konzeptionelle Fähigkeiten
mittleres Management	Integrationsvermögen
Gruppenleiter	Fähigkeit, zu motivieren
Fachkräfte	Organisationstalent

Mit zunehmender Verantwortlichkeit in der Unternehmensstruktur verlagern sich die Aufgaben – weg von der ursprünglichen »Kernkompetenz«, hin zu mehr taktischem und strategischem Management, Beziehungsmanagement und anderen Führungsaufgaben (siehe Seite 13).

Erfolgreiche Vorgesetzte müssen vor allem die Zukunft im Blickfeld haben. Wenn Sie jedoch die verschiedenen Organisationsebenen unterhalb der Top-Ebene betrachten, werden Sie sehen, daß immer weniger Zeit auf derartige konzeptionelle Dinge verwendet wird. Das heißt sicher nicht, daß das mittlere Management und die Gruppenleiter keine Meinung darüber hätten, welche Richtung die Organisation einschlagen sollte, es bedeutet in den meisten Fällen nur, daß sie für übergeordnete Aufgaben zu wenig Zeit haben.

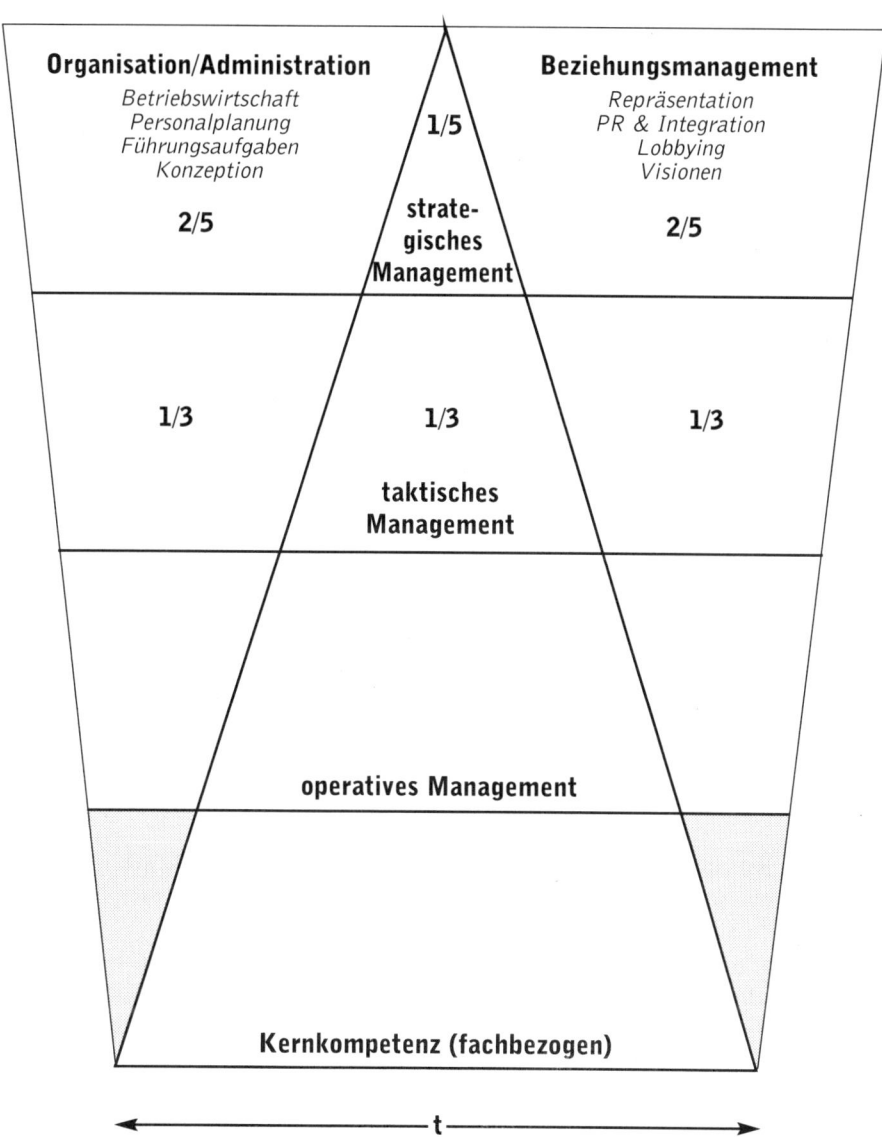

Organisation/Administration

Betriebswirtschaft
Personalplanung
Führungsaufgaben
Konzeption

Beziehungsmanagement

Repräsentation
PR & Integration
Lobbying
Visionen

1/5

2/5

2/5

strate-
gisches
Management

1/3

1/3

1/3

taktisches
Management

operatives Management

Kernkompetenz (fachbezogen)

t

Die hier gezeigte Zeitaufteilung ist natürlich nur als Beispiel zu verstehen. Es könnte ebensogut 1/4, 2/4, 1/4 oder 1/5, 3/5, 1/5 heißen.

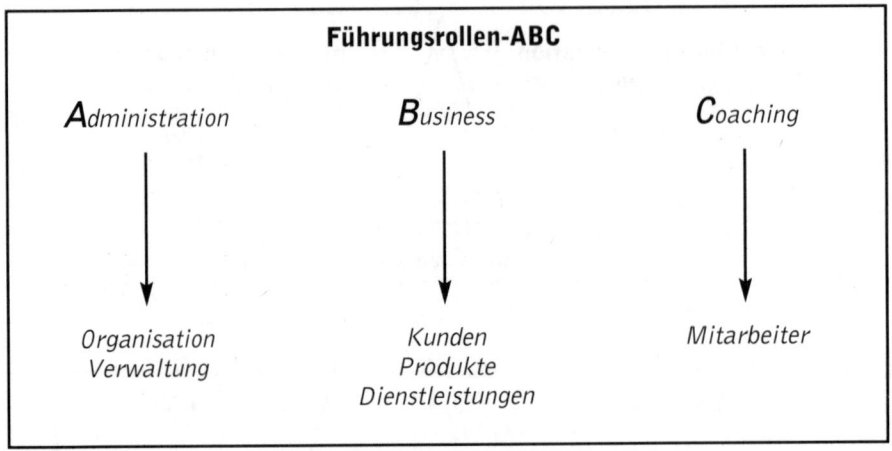

Führungsrollen-ABC

*A*dministration   *B*usiness   *C*oaching

Organisation   *Kunden*   *Mitarbeiter*
Verwaltung   *Produkte*
       Dienstleistungen

Schließlich gibt es noch eine Art von Fähigkeiten, die vor allem auf der Ebene des Top- und des mittleren Managements erforderlich sind – die Fähigkeiten in der Menschenführung. Diese umfassen die Fähigkeit zu führen, zu managen, zu kommunizieren, die Fähigkeit, die Arbeit anderer zu koordinieren und zu strukturieren. Die Aufgaben verlagern sich also zunehmend in Richtung »Coaching«.

→ Führen heißt: **1. Kommunikation**
                    2. Organisation

Während die »organisatorischen« Komponenten des Führens meist schnell begriffen und umgesetzt werden, bleibt die wirkungsvolle Kommunikation von Führungszielen und -inhalten häufig auf der Strecke.

Gerade die Kommunikation von Zielen, Erwartungen, Wünschen und Visionen ist aber wichtig. Woher sollen Mitarbeiter wissen, was man von ihnen erwartet und in welche Richtung die Entwicklung gehen soll, wenn es ihnen nicht gesagt wird?

Nutzen Sie als »neuer« Vorgesetzter die Chance, bereits bei der »Amts-übernahme« Ihre Ziele und Absichten zu formulieren. Mitarbeiter warten ge-spannt darauf, was der Neue für einer ist und welchen Eindruck er hinterläßt. Die Zeit, die Sie in eine durchdachte persönliche Vorstellung investieren, lohnt sich auf jeden Fall (siehe Teil 3).

Der Wechsel von Vorgesetzten bedeutet für Mitarbeiter häufig eine Art »Inflation« der erworbenen Pluspunkte. Die »Rabattmarken« vom alten Chef zählen nicht mehr – das verunsichert und demotiviert. Lassen Sie also kein Vaku-um entstehen, sondern erklären Sie Ihre Ziele und Absichten.

Die vorangegangenen Überlegungen zeigen, daß sich die Aufgaben von Führungs-ebene zu Führungsebene verlagern. Will der Vorgesetzte nicht in Details versin-ken, so muß er sich auf dem Wege nach oben auch von liebgewordenen Aufgaben und Tätigkeiten trennen, das heißt, er muß sie delegieren.

Die Auswahl der »delegationsfähigen« Aufgaben und Tätigkeiten erfolgt am besten durch eine ABC-Analyse. Die Aufgaben werden Stück für Stück dar-aufhin überprüft, welche Dringlichkeit sie haben und wer sie am besten erledigen kann.

Als Hilfsmittel hierzu haben sich sogenannte Entlastungsfragen bewährt, die auch entsprechende Aktionsmöglichkeiten berücksichtigen (Seiwert, 1992).

■ Entlastungsfragen	■ Aktionsmöglichkeiten
»Warum ist das überhaupt notwendig?«	rationalisieren
»Warum geschieht es in dieser Form?«	verändern
»Warum muß es gerade jetzt sein?«	terminieren
»Warum muß ich es selbst tun?	delegieren

Prioritäten setzen

Stellen Sie die Notwendigkeit der Durchführung zeitaufwendiger Tätigkeiten im-mer wieder einmal in Frage:

→ **Setzen Sie Ihre Prioritäten nach dem Prinzip der ABC-Analy-se.**

- A-Aufgaben müssen von Ihnen selbst erledigt werden. Mit relativ kleinem Aufwand (15 Prozent) an Zeit bzw. Kosten, erreichen Sie einen hohen Wirkungsgrad (65 Prozent).

- B-Aufgaben können Sie teilweise delegieren. Bei diesen Aufgaben ist die Relation von Aufwand und Nutzen (mit je 20 Prozent) sehr ausgewogen.

- C-Aufgaben sollten Sie unbedingt delegieren. Trotz relativ hohem Zeit- bzw. Mitteleinsatz (65 Prozent), trägt Ihre Erledigung nur zu etwa 15 Prozent zum Ergebnis bei.

Anteil am Ergebnis

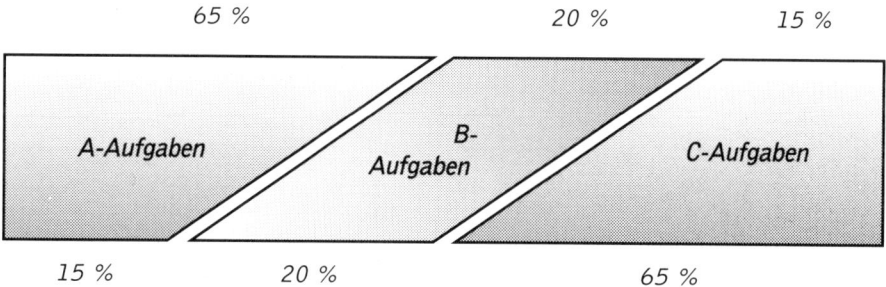

Anteil am Aufwand

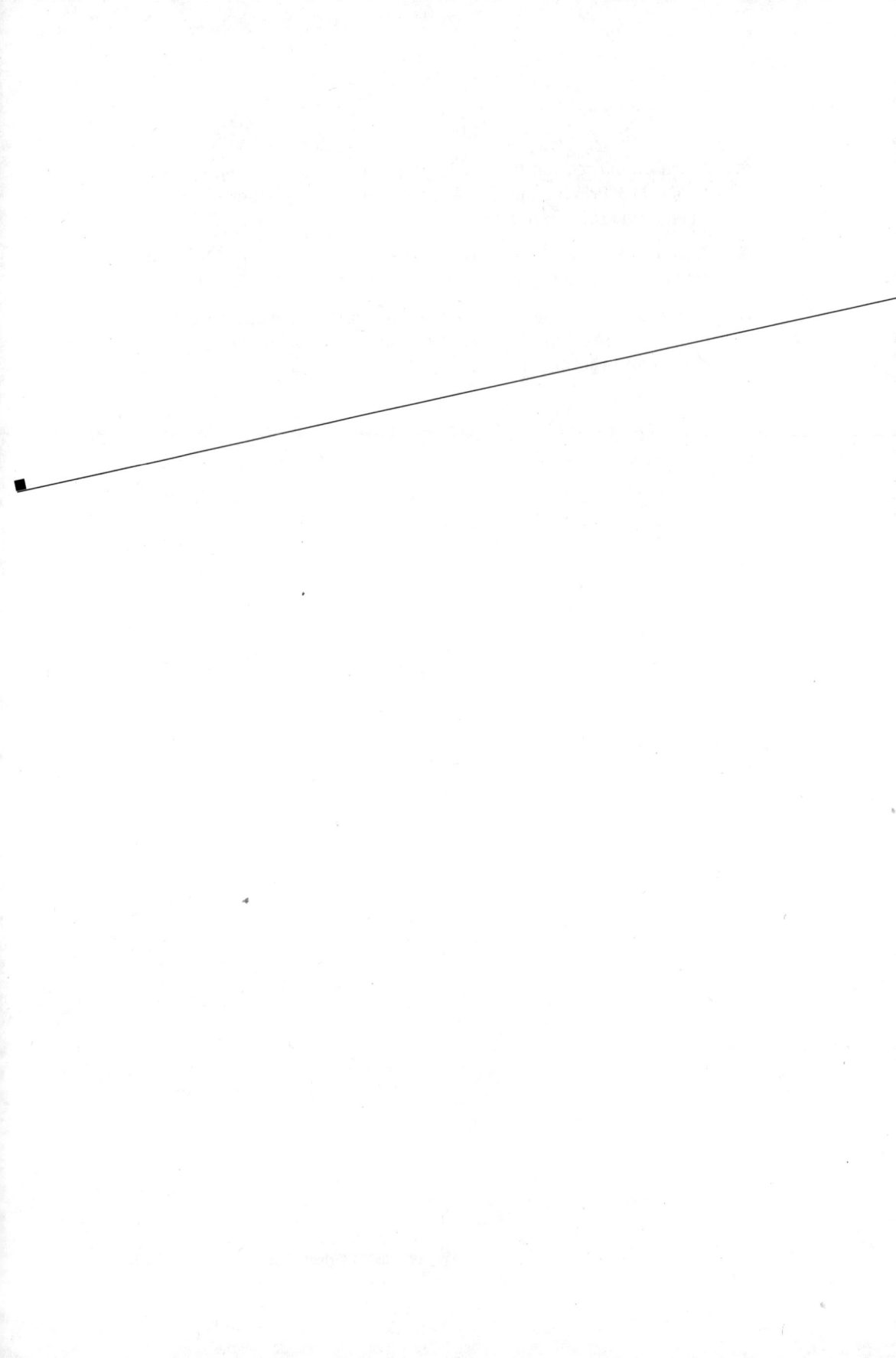

Teil 2:
Motivation

Motivation als Führungsaufgabe

Führen heißt, Menschen und Gruppen im Betrieb in ihrem Verhalten mit Hilfe entsprechender Führungstechniken und -instrumente so zu beeinflussen, daß sie den gewünschten Beitrag zur Erreichung der Unternehmensziele leisten.

Begriff Motiv/Motivation

Motive sind Konstrukte, die den Antrieb und das Verhalten erklären wollen. Motive, auch Bedürfnisse genannt, beantworten die Frage nach dem »Warum des Handelns«: Sie versorgen das Handeln mit Energie (aktivierende Komponente) und richten es auf ein Ziel aus (kognitive Komponente).

Die menschlichen Motive lassen sich nach Kroeber-Riel gruppieren:

■ physiologisch bedingte Motive, die auf Störungen des biologischen Gleichgewichts zurückgehen,

■ soziale Motive, die sich auf Interaktionen mit anderen richten,

■ persönliche Motive, die sich auf die eigene Person beziehen.

Daraus resultieren eine Reihe zentraler Fragen für Praktiker und Forscher (Weinert, 1981):

■ Was motiviert den Menschen überhaupt zur Arbeit?

■ Wie unterscheiden sich verschiedene Individuen in der relativen Wichtigkeit, die sie den Bedürfnissen beimessen, welche sie am Arbeitsplatz erfüllt haben möchten?

■ Wie stabil sind diese Erwartungen und Forderungen über kürzere oder längere Zeiträume hin?

■ Warum unterscheiden sich zwei an derselben Arbeitsstelle tätige Mitarbeiter, die genau dieselbe Arbeit verrichten, so stark im Grad ihrer Arbeitszufriedenheit?

Weit verbreitet ist die Untersuchung der Motive bzw. Motivation nach ihrer Herkunft, das heißt also danach, ob sie aus dem Menschen selbst, sozusagen von innen (intrinsisch), kommen oder ob es sich um von außen (extrinsisch) an ihn herangetragene Anreize und Motive handelt. Im engeren Sinn (so auch Herzberg, Sprenger und andere) werden nur die intrinsischen Beweggründe als Motive bezeichnet.

Als extrinsisch werden jene Motive angesehen, die aus den Folgen oder den Umwelteinflüssen der Arbeit befriedigt werden; dies können sein:

- Motive finanzieller Art (Wunsch nach Geld),

- Motive nicht-finanzieller Art (Bedürfnisse nach Sicherheit, erworbener Einfluß/Anerkennung, Geltungsbedürfnis, gute Zusammenarbeit, gutes Betriebsklima, gutes Verhältnis zu den Vorgesetzten usw.).

Extrinsisch motivierte Mitarbeiter reagieren also in stärkerem Maße auf externe Belohnungen.

Eine größere Bedeutung für die Arbeitsleistung bzw. das Arbeitsverhalten haben die intrinsischen Arbeitsmotive, die durch die Tätigkeit selbst, das heißt durch die Arbeitsausführung, befriedigt werden:

- eine anspruchsvolle, abwechslungsreiche Tätigkeit, die ein Gefühl von Leistung vermittelt,

- die Möglichkeit, Entscheidungen im Rahmen eines vertikal erweiterten Handlungsspielraumes selbst zu fällen.

Ein im Sinne des »Prinzips der Selbst-Verstärkung« intrinsisch motivierter Mitarbeiter ist wirkungsvoller und langfristig stabiler aktiviert. Er handelt aus »eigenem Antrieb« und kann sich selbst motivieren. Die Chance des Vorgesetzten besteht darin, die Motivation dieses Mitarbeiters zu erhalten und zu fördern.

Die Pyramide der Bedürfnisse nach Maslow

Die Befriedigung der Bedürfnisse erfolgt von unten nach oben. Erst wenn Grund- und Sicherheitsbedürfnisse erfüllt sind, gewinnt das Streben nach sozialer Integration und Anerkennung an Bedeutung.

Ein Modell der Maslowschen Bedürfnishierarchie finden Sie auf der folgenden Seite.

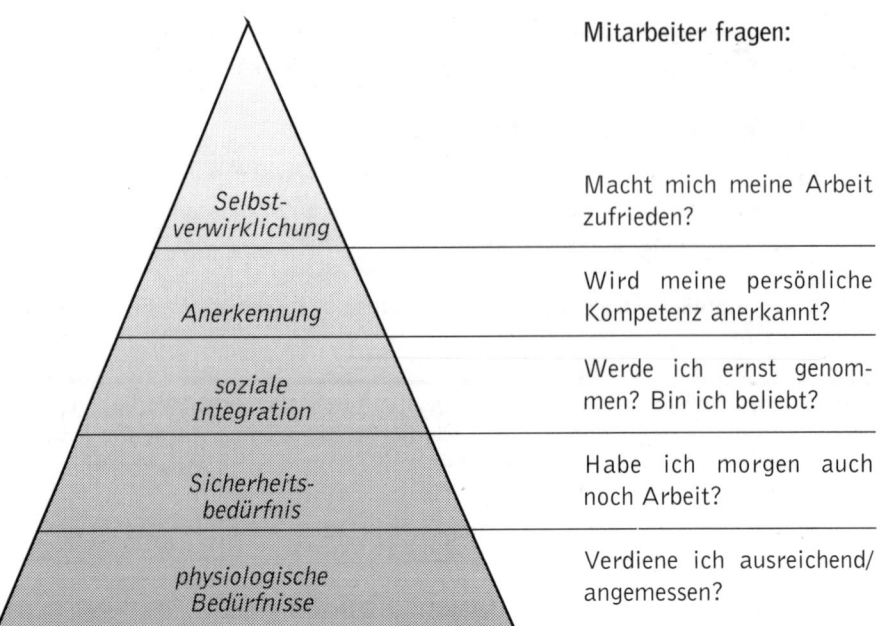

Mitarbeiter fragen:

Macht mich meine Arbeit zufrieden?

Wird meine persönliche Kompetenz anerkannt?

Werde ich ernst genommen? Bin ich beliebt?

Habe ich morgen auch noch Arbeit?

Verdiene ich ausreichend/ angemessen?

Die von Herzberg entwickelte Motivationstheorie dürfte wohl die populärste Theorie der Arbeitsmotivation darstellen. Sie basiert auf empirischen Untersuchungen, die zuerst in den fünfziger Jahren durchgeführt wurden. Im Rahmen der Pittsburgh-Studie wurden die Arbeitnehmer nach Situationen gefragt, in denen sie eine hohe Zufriedenheit bzw. hohe Unzufriedenheit verspürten (»Methode der kritischen Ereignisse«).

Als Faktoren, die zur Zufriedenheit beitrugen, wurden vor allem solche genannt, die in direktem Zusammenhang mit der betrieblichen Tätigkeit des Mitarbeiters standen; diese Faktoren bezeichnete er als Motivatoren (satisfiers, intrinsic factors, content factors).

Als Faktoren, die hauptsächlich zur Unzufriedenheit beitrugen, wurden solche genannt, die in keinem direkten Zusammenhang mit der Tätigkeit standen; diese Faktoren bezeichnete er als Hygienefaktoren (Kontextfaktoren, dissatisfiers, extrinsic factors oder maintenance factors).

Herzberg dazu:

Die Motivation-Hygiene-Theorie geht davon aus, daß man sowohl Tier als auch Mensch ist und als solches zwei komplett verschiedene Bedürfniskategorien ausweist. Das Tier in uns strebt nach Überleben und der Vermeidung von Schmerzen bzw. Unbehagen, die von der Umgebung herrühren.
Der Mensch in uns hat dagegen das Bedürfnis nach psychologischer Weiterentwicklung. Dementsprechend gibt es auch zwei Kategorien von Faktoren, die das menschliche Verhalten determinieren.

Hygienefaktoren

Unter Hygienefaktoren werden all die Dinge verstanden, die Mitarbeiter von Anfang an, oder bald nachdem sie diese erhalten haben, als selbstverständlich erachten (eben: Hygiene ist selbstverständlich) – und wenn diese Dinge nicht stimmen, sind die Menschen unzufrieden:

- Arbeitsbedingungen
- Betriebsklima
- Führungsverhalten   } extrinsisch
- Gehalt
- Statussymbole

Motivatoren

Werden die Bedürfnisse der Mitarbeiter nach Selbstverwirklichung und Anerkennung in der Aufgabe befriedigt, dann wachsen viele Mitarbeiter über sich hinaus, weil sie tatsächlich motiviert sind:

- interessante Aufgabe

- vielseitige, ganzheitliche Aufgabe

- Anerkennung für vollbrachte Leistungen   } intrinsisch

- persönliche Wachstumschancen

- Verantwortung tragen

Im engeren Sinne werden nur »intrinsische« Motivationsfaktoren dauerhaft wirksam sein und als Motive leistungsfördernd wirken. Wer qualitativ schlecht arbeitet, wird bei besserer Bezahlung seine Arbeitsqualität kaum steigern.

Bei der Förderung und Entwicklung von Mitarbeitern sollten Sie schnell herausfinden, welche Lernmotivatoren beim einzelnen besonders stark ausgeprägt sind.

Manche Menschen lernen besonders erfolgreich, wenn sie den Nutzen für sich erkennen, andere brauchen eine besonders gut funktionierende Beziehungsebene (emotional). Daneben gibt es auch Menschen, die aus reinem Interesse am Lernstoff bzw. -objekt lernen; und schließlich gibt es Menschen, für deren Lernerfolg der »äußere Rahmen« besonders wichtig ist.

Als praktisches Beispiel für Flexibilisierung und Individualisierung der Leistungsanreize sei auf die »Cafeteria-Systeme« hingewiesen. Hier kann sich der Mitarbeiter einen Teil seines Gehaltes aus verschiedenen Elementen zusammensetzen. Wie auf einer Speisekarte stellt er sich so sein »Entgelt-Menü« zusammen. Er kann zum Beispiel wählen zwischen:

- Kapitalbeteiligung (Bezug von Aktien zum Vorzugspreis bis zu einem bestimmten Anteil des Gehalts),

- Direktversicherungen,

- höherem Entgelt,

- Dienstwagen,

- zusätzlichem Urlaub,

- flexiblerer Arbeitszeit,

- »Ansparen« von Urlaubsansprüchen über mehrere Perioden,

- frühere Pensionierung,

- zusätzlicher Ausbildung,

- Beratungs- und Vorsorgeleistungen (zum Beispiel individuelle Finanz- und Vermögensplanung),

- Dienstwohnung,

- zusätzliche Versicherungen.

Auf der nächsten Seite folgt ein Überblick über die wichtigsten Lernmotive.

Lernmotive

■	■ Erlebensformen	■ Fragestellungen
Nutzen	persönlich materiell immateriell aktuell	Was bringt mir das? Wie rechnet sich der Nutzen? Wann habe ich etwas davon? Nutzt das nur anderen?
Emotionen	Lob/Zuneigung »Wir«-Gefühl Angst/Druck »Charisma« »Chemie«	Werde ich anerkannt? Bin ich beliebt? Wovor habe ich Angst? Was ist mein Chef für ein Typ? Wie komme ich mit ihm aus?
Stoff/Objekt	Wissen Können Interesse	Welchen Vorsprung habe ich mit diesem Wissen? Soll ich mein Wissen weitergeben? Was sagen die anderen, wenn sie das sehen? Ist dieses Thema interessant?
Äußeres	Zeitpunkt Ambiente Sozialprestige	Wann soll ich das machen? Komme ich unter Zeitdruck? Welche Mittel/Ausstattung bekomme ich? Ist das Ambiente in Ordnung? Wirkt das als Auszeichnung?

Ein erfolgskritischer Faktor beim Thema »Führen« besteht darin, schnell und zuverlässig herauszufinden, was für ein »Lerntyp« der Mitarbeiter ist. Ähnlich wie sich im Bereich des Wollens unterschiedliche Motivationsstrukturen finden, gibt es auch im Bereich des Könnens, das heißt der Entwicklung von Kenntnissen und Fähigkeiten, unterschiedliche Lerntypen von Menschen.

Man unterscheidet zwei Gruppen: die »kognitiv« Lernenden und die »praktisch« Lernenden. Während die erste Gruppe durch Theorie und Wissensaufnahme lernt, braucht die zweite Gruppe immer das praktische Beispiel, die eigene Erfahrung und das »Selbermachen«, um mit Erfolg zu lernen.

Erfolgreiche Entwicklung und Führung heißt, den Mitarbeiter möglichst in den Bereichen zu beschäftigen, in denen er besonders gut ist. Geben Sie dem »Praktiker« daher zunächst eine »praktische« Aufgabe. Die Theorie kann er später nachholen. Dem »kognitiven« Typ, also dem »Theoretiker«, sollten Sie Gelegenheit geben, sich erst einmal mit der Theorie vertraut zu machen; anschließend kommt die praktische Anwendung des Erlernten.

Diese Vorgehensweise hat den großen Vorzug, daß der Mitarbeiter in einer ihm »typgerechten« Weise und folglich mit deutlich größerem Erfolg lernt.

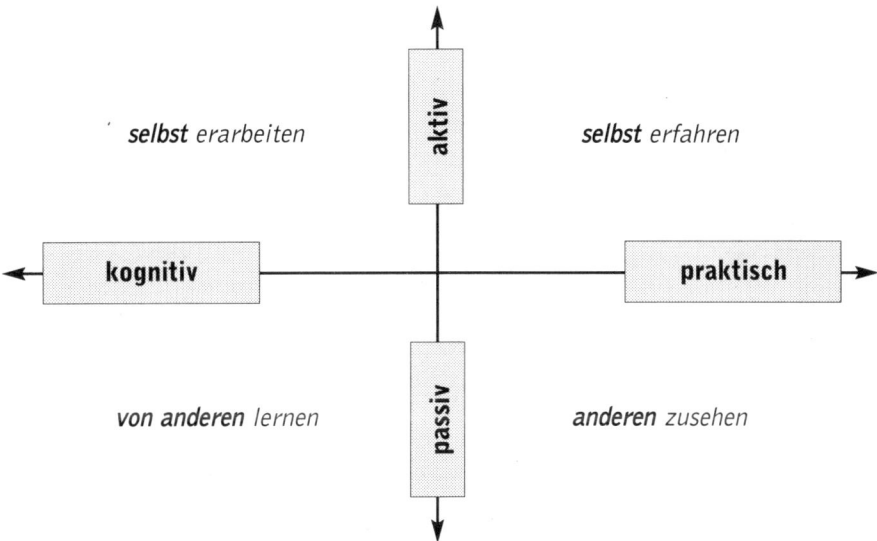

Versuchen Sie herauszufinden, was für ein Lerntyp der jeweilige Mitarbeiter ist. Wenn Sie darauf Rücksicht nehmen, werden Sie bald Erfolge sehen.

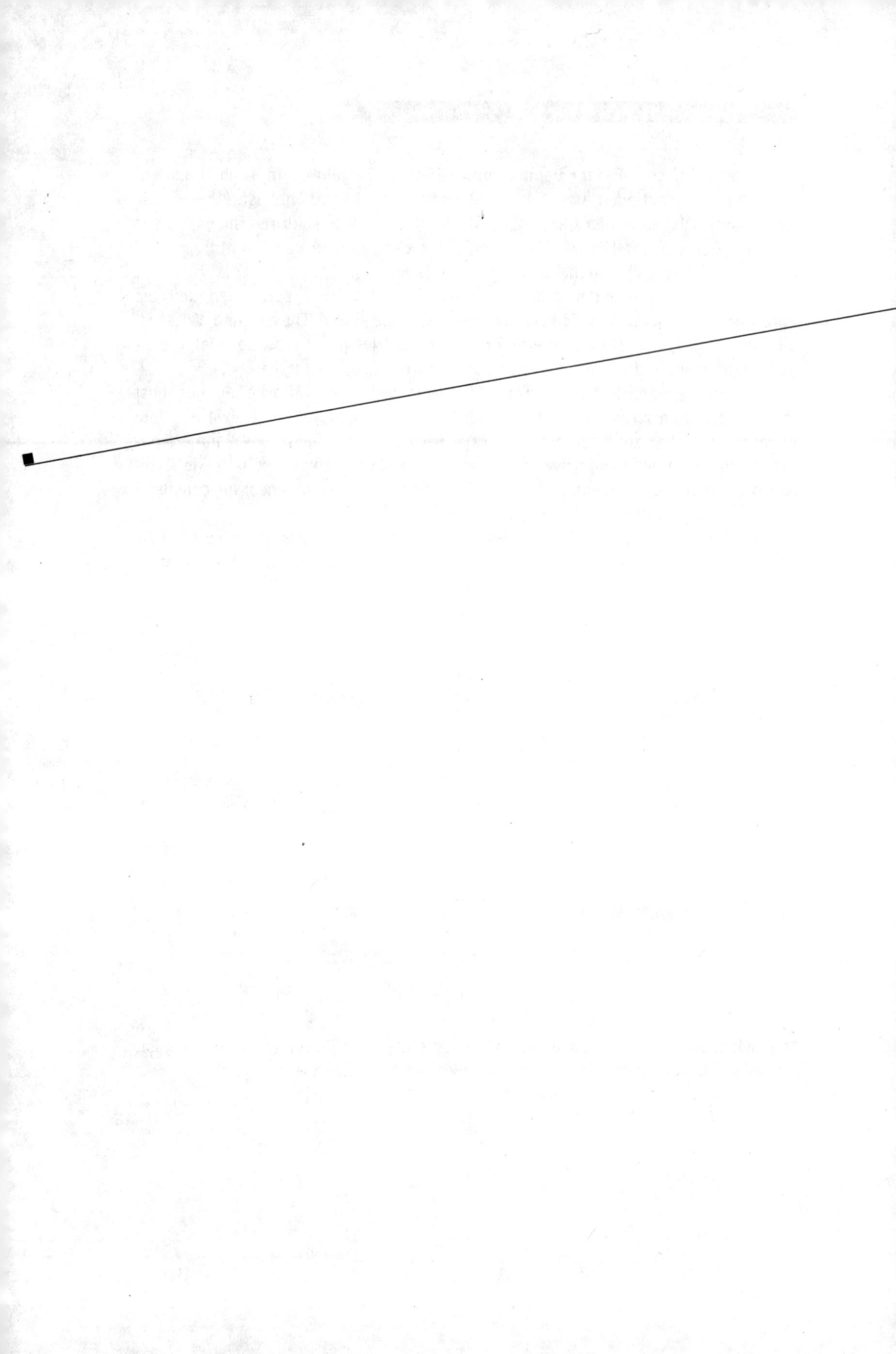

Teil 3:
Führen

Bereiten Sie sich auf die Chance des »ersten Eindrucks« bei Ihren Mitarbeitern gut vor. Nutzen Sie die Gelegenheit, etwas über sich selbst, Ihre Ziele, Prioritäten und Erwartungen zu sagen. Schaffen Sie die »Beziehungsvoraussetzungen« für eine erfolgreiche, sachorientierte Zusammenarbeit. Die folgenden Punkte könnten als Gliederung dienen:

Einleitung

- Gelegenheit, Anlaß, Umfang/Zeit, Stegreif/Manuskript
- Biographie, Persönliches/Privates, Hobby, Freizeit

Beziehungsebene

- Freude auf Zusammenarbeit
- Dank für freundliche Aufnahme
- Anerkennung/Lob für Vorgänger
- funktionierendes System
- Ängste abbauen

Sachebene

- Leitgedanken
- Kommunikationsweise
- Führungsgrundsätze
- Konzepte, Zukunft
- Schwerpunkte

Beziehungsebene

- Appell, wie es weitergehen soll
- Vision, wie die Zukunft gestaltet werden soll
- Gemeinsamkeit (Wir-Gefühl)
- Abschluß

Zahlreiche wissenschaftliche Ansätze befassen sich mit der Definition des Begriffes »Führen«.

Führen:

> *Führung ist eine personenbezogene Handlung, bei der einzelne Personen oder Personenmehrheiten (Führende) auf andere Personen (Geführte) einwirken, um diese zu einem zielentsprechenden Handeln zu veranlassen.* (Heinen, 1984)

Typische Führungsaufgaben:

- Zielsetzung und Zielvorgabe
- Motivation
- Planung
- Koordination
- Entscheidungsvollzug
- Kontrolle

Weitere Führungsdefinitionen:

- *Entscheidungen und Aktivitäten bezüglich der Humanressourcen mit der Absicht, die Effektivität der Mitarbeiter und des Unternehmens zu beeinflussen.*

- *Alle funktionellen, institutionellen und instrumentellen Aspekte der Unternehmensführung, die mit Fragen des Humanpotentials verbunden sind. Dabei wird mit Humanpotential die Gesamtheit menschlicher Arbeitskraft bezeichnet (Mitarbeiter und Führungskräfte mit ihrem Wissen, Können und Verhalten), aus der die Unternehmung besteht. Implizit wird davon ausgegangen, daß die volle Entfaltung dieses Potentials nicht automatisch erfolgt, sondern von vielen Faktoren abhängig ist, die zudem unterschiedlich stark beeinflußbar sind.*

- *eine humane, menschengerechte Führung (orientiert an den Bedürfnissen und Wertvorstellungen der Mitarbeiter)*

- *eine leistungsfähige Führung (orientiert am ökonomischen Unternehmerinteresse, Wirtschaftlichkeit/Produktivität)*

→ Führen = Einfluß auf das Verhalten anderer.

Für die tägliche Führungspraxis ist es entscheidend, daß der Vorgesetzte bewußt und gezielt Einfluß auf das Verhalten seiner Mitarbeiter ausübt. Hierbei greift er – abhängig von seiner Persönlichkeitsstruktur – auf zwei unterschiedliche Einflußmöglichkeiten zurück:

- ■ Einfluß aufgrund der Persönlichkeit:
  Fähigkeit, durch Identifikation und soziale Beziehung Einfluß auszuüben

- ■ Einfluß aufgrund der Position:
  kraft seiner Stellung in der Hierarchie Einfluß ausüben

Beide Komponenten bewirken das »Führungsresultat«, wenngleich auch in variabler Zusammensetzung: beim einen Vorgesetzten mehr persönlichkeitsbezogen, beim anderen eher positionsbezogen. Die nachfolgende Grafik macht das deutlich.
Die Erfahrung zeigt, daß mit persönlichkeitsbezogenem Führungsverhalten langfristig bessere Resultate erzielt werden. Erfolgreiches Coaching setzt eine funktionierende Beziehungsebene voraus, die ein unterstützendes und anleitendes Führungsverhalten möglich macht. In der tägliches Praxis dürften die Fälle, in denen akuter Handlungsbedarf »positionellen« Einfluß fordert, eher selten sein.

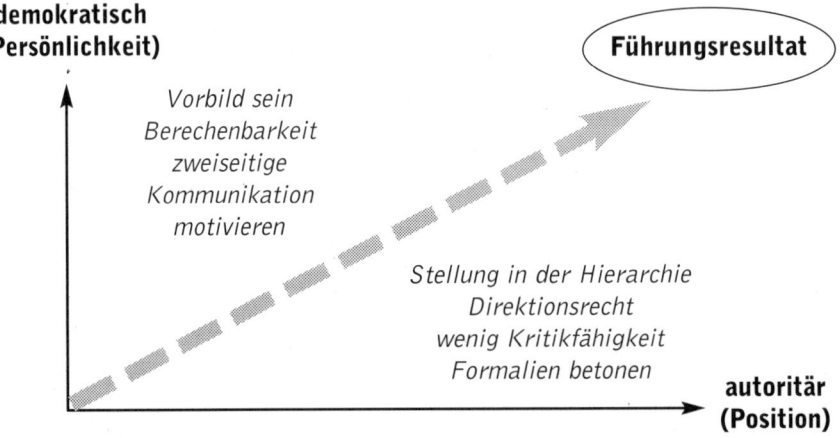

demokratisch
(Persönlichkeit)

Vorbild sein
Berechenbarkeit
zweiseitige
Kommunikation
motivieren

Führungsresultat

Stellung in der Hierarchie
Direktionsrecht
wenig Kritikfähigkeit
Formalien betonen

autoritär
(Position)

Wann/Wie haben Sie eher demokratische bzw. eher autoritäre Führungsstile erlebt?

demokratisch   autoritär

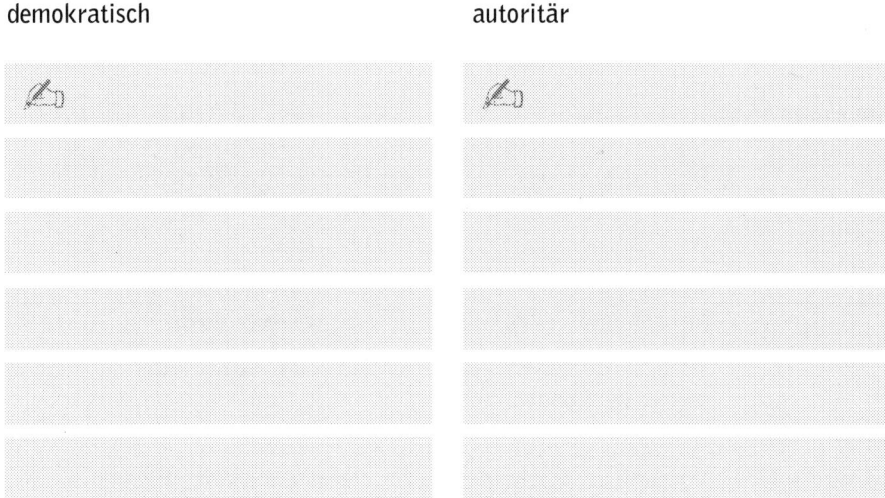

Welches Führungsverhalten haben Sie dabei beobachtet?

demokratisch   autoritär

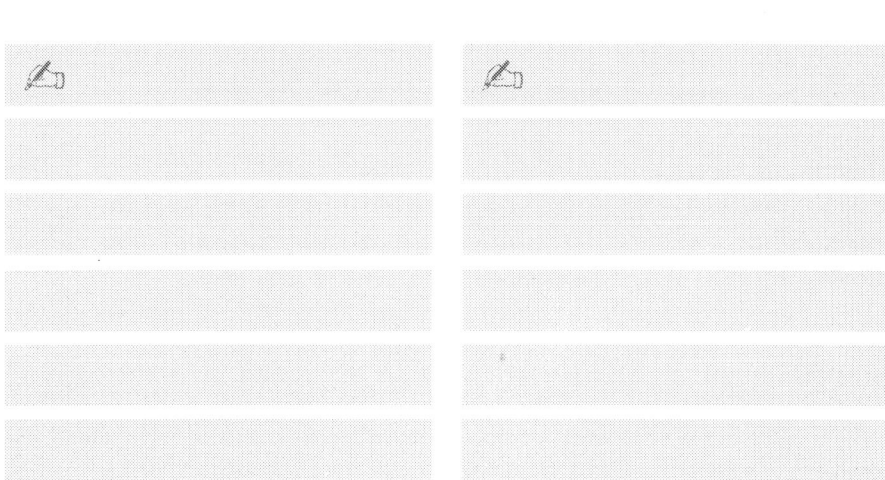

➜ **Die zentrale Führungsaufgabe von Vorgesetzten besteht darin, ein Arbeitsumfeld zu schaffen, das die Weiterentwicklung des Unternehmens sichert und die Motivation der Mitarbeiter aufrechterhält.**

Im einzelnen sieht das so aus:

1. Das Top-Management definiert Unternehmensziele (Vision, Mission), die auf der regelmäßigen Analyse der Kundenwünsche basieren.

2. Es kümmert sich um die Anwendung der geltenden Unternehmensphilosophie (Leitbild, Unternehmenskultur).

3. Vorgesetzte müssen dafür sorgen, daß jeder Mitarbeiter weiß, wer seine Kunden sind und was ihre aktuellen und zukünftigen Wünsche sind.

4. Vorgesetzte legen leistungsbezogene Ziele fest, die sich an den Unternehmenszielen orientieren.

5. Vorgesetzte arbeiten nach dem Prinzip »Führen durch Vorbild«.

6. Mitarbeiter werden ermutigt, Initiativen zu ergreifen, die zu Verbesserungen und größerer Kundenzufriedenheit führen.

7. Teams identifizieren Verbesserungspotentiale, entwickeln Lösungen und initiieren Projekte (lernende Organisation).

Mitarbeiterführung

Die Aufgabe des Vorgesetzten besteht auch darin, dem Mitarbeiter in seiner täglichen Arbeit eine soziale Bedürfnisbefriedigung zu ermöglichen.

Durch Teamarbeit und kooperative Zusammenarbeit kann der Vorgesetzte dem Arbeitnehmer zeigen, daß er ihn als Persönlichkeit und als Mitarbeiter schätzt. Elemente der Selbstverwirklichung können so auch im Berufsleben realisiert werden.

Eine der wesentlichen Voraussetzungen hierfür ist das Setzen und Erreichen eigener Ziele. Nur jemand, der eigene Ziele verfolgt und in der Lage ist, zu analysieren, ob er seine Ziele erreicht hat, kann das notwendige Selbstwertgefühl entwickeln, das ihn motiviert handeln läßt.

Es muß daher oberstes Ziel des Vorgesetzten sein, den Mitarbeiter dazu zu bringen, sein eigenes Arbeitsverhalten zu beobachten und zu analysieren. Deutliches Herausstellen der positiven erfolgreichen Verhaltensweisen durch den Vorgesetzten stärkt den Mitarbeiter in seiner Motivation.

Lob und Anerkennung durch den Vorgesetzten ermutigen den Mitarbeiter, seine eigene Arbeit, im Hinblick auf erfolgreiches Verhalten, zu analysieren. Hierdurch wird sichergestellt, daß erfolgreiches Handeln beibehalten wird.

Aufbauend auf der positiven Verstärkung lassen sich auch verbesserungswürdige Verhaltensweisen verdeutlichen. Gemeinsam kann so eine Alternative für die Zukunft gefunden werden. Wichtig ist auch hier, daß der Mitarbeiter selbst erkennt, welche Verhaltensweisen nicht zum Erfolg führen. Die Suche nach erfolgreichen Alternativen muß vom Mitarbeiter selbst ausgehen. Da kaum zu erwarten ist, daß ein Mitarbeiter sich in mehr als ein bis zwei Verhaltensweisen gleichzeitig ändern kann, sollten Sie das Gespräch auf die ein oder zwei wichtigsten Verhaltensänderungen beschränken.

Das Führungsverhalten des Vorgesetzten wird maßgeblich von dessen eigenem »Selbstbild« geprägt. Das heißt, der Vorgesetzte hat eine für ihn verbindliche Vorstellung über die Auswirkungen seines Führungsverhaltens auf die Mitarbeiter. In aller Regel fällt dieses »Selbstbild« recht günstig aus. Was nicht funktioniert, war zumindest »gut gemeint«, oder es ist von den Mitarbeitern falsch verstanden worden.

Das Leistungsverhalten von Mitarbeitern und deren Einstellung zum Unternehmen, zum Chef und zur Arbeit entsteht nicht aus diesem »Selbstbild«. Mitarbeiter machen sich ihr eigenes Bild vom Betrieb und vom Vorgesetzten.

Also müssen Sie als Vorgesetzter zwei Dinge miteinander vergleichen:

- Ihr Selbstbild,
- das Fremdbild.

Vielleicht finden Sie Gelegenheit, ein entsprechendes Feedback von Ihren Mitarbeitern zu bekommen:

- gesprächsweise im Einzelfall,
- standardisiert durch Fragebogen,
- konsolidiert als Ergebnis von Mitarbeiterumfragen.

Das Thema Feedback wird im Teil 5 noch im Detail beleuchtet werden.

Traditionelle Führungsfehler

- Der Vorgesetzte gibt alle Ziele vor und weiß alles besser.

- Der Vorgesetzte erteilt Befehle und weiß auf jede Frage eine Antwort.

- Der Vorgesetzte sieht sich als Auftraggeber und entscheidet auch ohne die Situation genau im Detail zu kennen.

- Der Vorgesetzte tadelt lieber als zu loben. (»Wenn ich nichts sage, ist es in Ordnung.«)

- Der Vorgesetzte möchte am liebsten alles selbst machen und ist nie zufrieden.

Vorgesetzte und Mitarbeiter bilden in der internen Kunden-Lieferanten-Kette des Unternehmens jeweils eine Einheit. Gemeinsam legen Sie die Anforderungen an ihre internen Lieferanten fest. Ihr Beitrag zur Wertschöpfungskette orientiert sich an den Wünschen der internen Kunden.

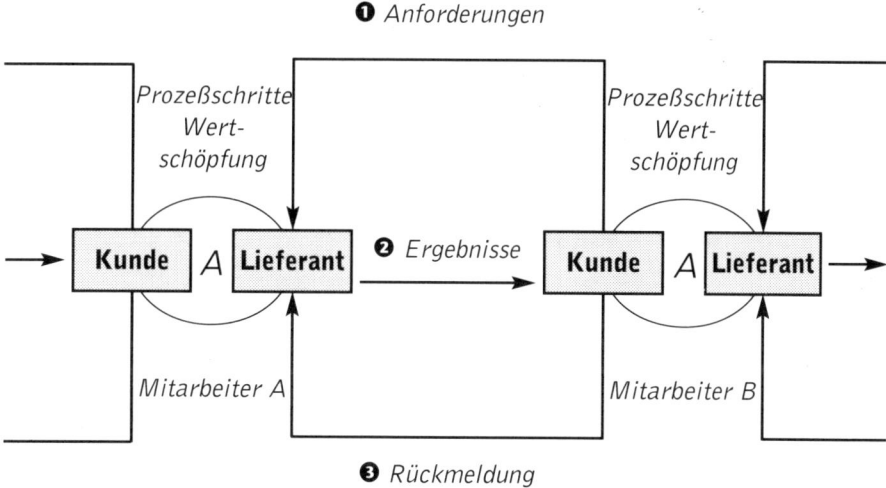

So garantieren Sie Ihren Mitarbeitern und sich selbst ein höchstmögliches Maß an Kundenzufriedenheit. Die »Führungsqualität« wirkt sich damit auf die Gesamtleistung des Unternehmens aus.

→ **Jeder Mitarbeiter ist gleichzeitig Kunde und Lieferant.**

Dem Begriff »Kunde« kommt also eine doppelte Bedeutung zu. Ausgehend von der Tatsache, daß jede an den Kunden erbrachte Leistung die Summe vieler einzelner interner Leistungen ist, wird die Qualität der externen Leistung nur dann gut sein, wenn auch die intern erbrachten Leistungen gut sind.

Unter diesem Aspekt stehen alle Mitarbeiter untereinander in einer Kunden-Lieferanten-Beziehung, wobei jeder Mitarbeiter wechselweise die Rolle des Kunden und des Lieferanten spielt:

1. Als Kunde beschreiben Sie Ihrem Lieferanten möglichst genau Ihre Wünsche, Erwartungen bzw. Anforderungen.

2. Als Lieferant liefern Sie Ihrem Kunden auf Anhieb fehlerfreie Ergebnisse.

3. Als Kunde wiederum geben Sie Ihrem Lieferanten eine Rückmeldung über den Grad Ihrer Zufriedenheit:

   ■ mit seinem Produkt/seiner Leistung,

   ■ mit seiner Unterstützung,

   ■ mit seinem Service,

   ■ mit seinem Verhalten.

4. Was erwarten Sie von Ihren Mitarbeitern?

5. Was erwarten Ihre Mitarbeiter von Ihnen?

Suchen Sie aus Ihrem Arbeitsumfeld Beispiele, wie Sie für Ihre Mitarbeiter Vorbild sein bzw. sie durch Einbeziehen und Ermutigen motivieren können.

Vorbild

Worte, Taten, Anerkennung

Involvement (einbeziehen)

Informationen, Entscheidungen, Transparenz

Empowerment (ermutigen)

Vertrauen, Verantwortung, Unterstützung

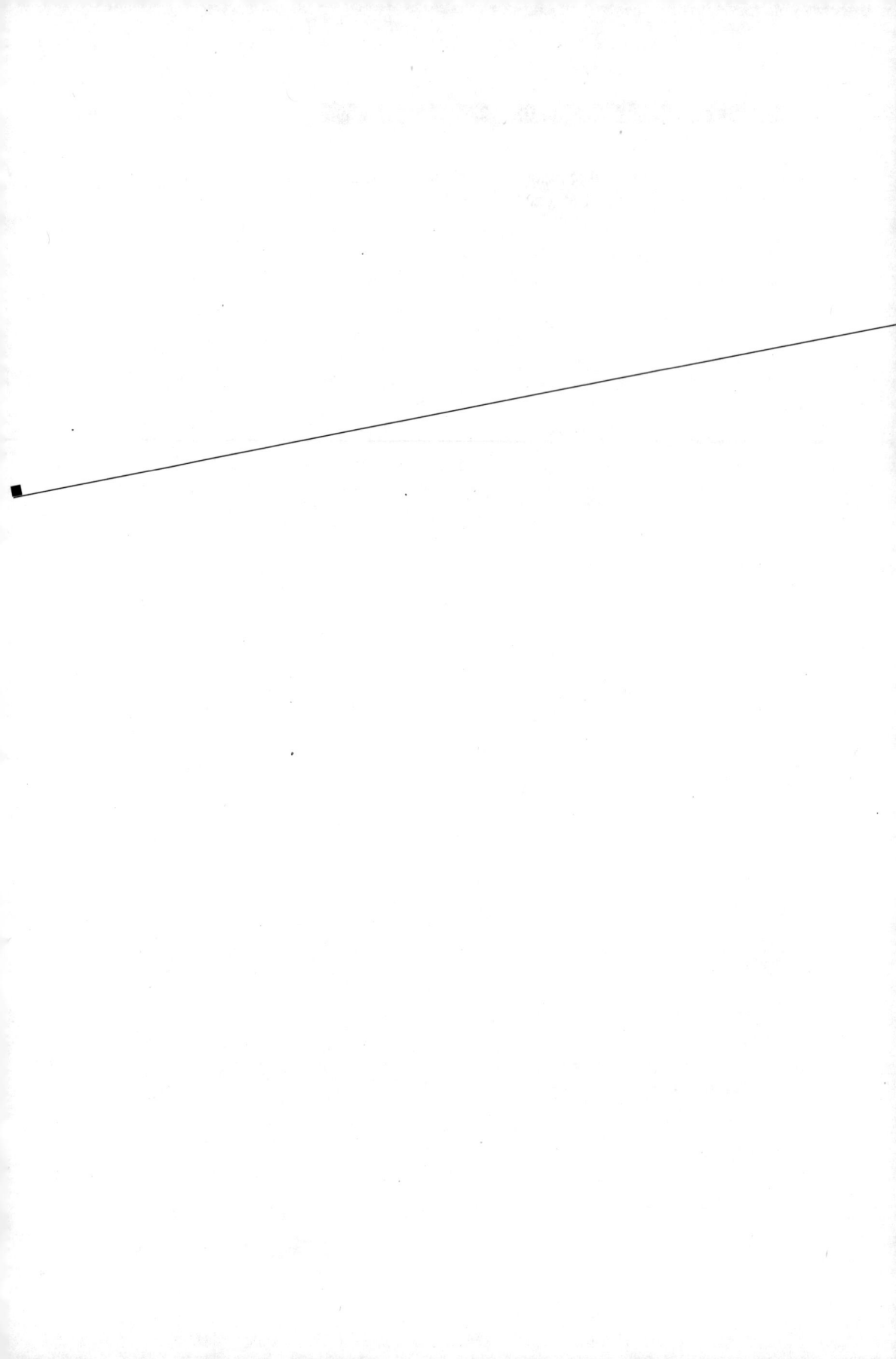

Teil 4:
Führungssituationen

Wie können Vorgesetzte das Verhalten von Mitarbeitern leistungsfördernd beeinflussen?

Die nachfolgenden vier Determinanten menschlichen Verhaltens geben eine erste Orientierungsmöglichkeit:

■ individuelles Können,

■ persönliches Wollen,

■ soziales Dürfen (Normen, Vorschriften, Regelungen),

■ situative Ermöglichung (hindernde und fördernde Umstände).

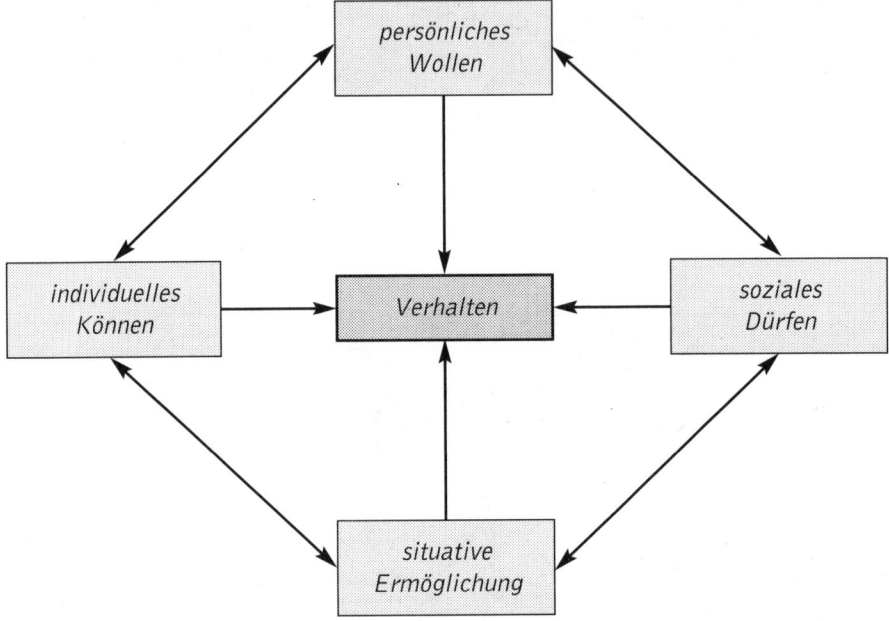

Der Vorgesetzte kann also auf die ersten drei Punkte positiv einwirken:

■ auf die Leistungsfähigkeit der Mitarbeiter, zum Beispiel durch Weiterbildungs- oder sonstige Personalentwicklungsmaßnahmen,

■ auf die Leistungsbereitschaft der Mitarbeiter, zum Beispiel durch die leistungsfördernde Gestaltung der Entgeltsysteme und des Führungsstils,

■ auf die Leistungsmöglichkeit der Mitarbeiter, zum Beispiel durch Arbeitsplatzgestaltungs-Maßnahmen und entsprechend flexible Organisationsformen, die die Voraussetzung dafür sind, daß die Mitarbeiter ihre Leistungsfähigkeit und -bereitschaft optimal entfalten können.

Bezogen auf die Person des Mitarbeiters lassen sich zwei dieser vier Determinanten beeinflussen und ausgestalten: auf einer eher psychischen Schiene das persönliche Wollen und auf einer eher rationalen Schiene das individuelle Können.
Im folgenden soll deutlich werden:

■ welche Einflußfaktoren das persönliche Wollen ausmachen,

■ aus welchen Einflußfaktoren sich das individuelle Können zusammensetzt,

■ wie sich aus der Zusammenschau ein Können/Wollen-Profil entwickeln läßt.

Können/Wollen-Profil

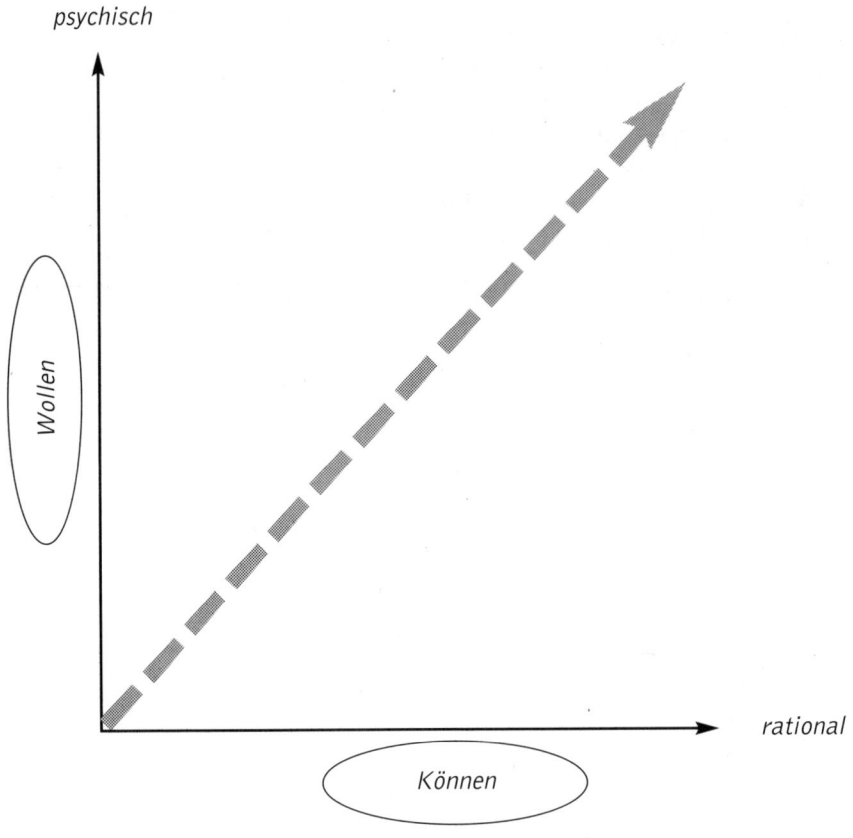

Wollen	Können
Identifikation	Wissen
Selbstvertrauen	Erfahrung
Motivation	Fähigkeiten
– intrinsisch	Fertigkeiten
– extrinsisch	

Je nach Ausprägungsgrad dieser beiden Faktoren lassen sich vier grundsätzliche Ausprägungen von Mitarbeiterverhalten erkennen:

- Neuling/Anfänger,
- Motivierter,
- Resignierter,
- Könner.

Der »Verweigerer« als fünfter möglicher Fall stellt sicherlich eine Ausnahme dar.

Auf den folgenden Doppelseiten finden Sie nun eine genauere Beschreibung jedes genannten Mitarbeiterverhaltens.

Der Neuling/Anfänger

Typischerweise sind bei ihm Kenntnisse, Fähigkeiten und Erfahrung (Können) noch nicht sehr weit entwickelt. Die daraus resultierende Unsicherheit, die Angst, etwas falsch zu machen und dabei ertappt zu werden, wirken sich negativ auf das Leisten-Wollen aus.

Der Vorgesetzte hat eine doppelte Aufgabe: Einmal muß er auf der Können-Achse sachlich und fachlich anleiten, zum anderen muß er auf der Wollen-Achse die Sicherheit und das Selbstwertgefühl des Mitarbeiters festigen.

Diese Aufgabe erfordert Geduld und Zeit (beides wird bisweilen im Tagesgeschäft des Managers stark strapaziert). Die Zielsetzung für den Vorgesetzten heißt: den Mitarbeiter möglichst bald aus dem »roten« Bereich heraus in Richtung nach rechts oben entwickeln.

Auf der Nebenseite finden Sie ein paar Verhaltensweisen, die bei diesem Mitarbeitertyp häufig anzutreffen sind, sowie entsprechende Möglichkeiten – für den Vorgesetzten – zu reagieren.

Fazit

Der Anfänger wäre alleine (noch) nicht in der Lage, die ihm übertragenen Aufgaben zu erledigen. Fehlende Erfahrung und Kenntnisse verunsichern ihn bisweilen. Als Vorgesetzter sollten Sie ihm klare Anweisungen geben und ihn kleine Schritte machen lassen.

Eine genaue Erfolgskontrolle gibt Ihnen die Gewißheit über seine Lernfortschritte und ihm das positive Erfolgserlebnis. Überhäufen Sie ihn nicht mit Informationen, die er noch nicht verwenden kann – das verunsichert mehr als es nützt.

Sagen Sie ihm klar, welche Erwartungen Sie haben und woran Sie Erfolg oder Nicht-Erfolg beobachten und messen werden. Im dem Maße, in welchem der Mitarbeiter Fortschritte macht, können Sie dann allmählich die Schrittfolge lockern und die Anleitung verringern. Vergewissern Sie sich auch in diesem Stadium des Erfolgs.

Allmählich werden Sie feststellen, daß der Mitarbeiter aus den Erfolgen Sicherheit und Motivation schöpft. So legen Sie den Grundstein für eine positive und leistungssteigernde Entwicklung.

■ typisches Mitarbeiter-verhalten	■ Führungs-verhalten	■ Formulie-rungsmög-lichkeiten
erkennt Probleme nicht	■ Aufgabenstellungen präzise formulieren ■ einzelne Schritte vor-geben ■ Durchführung eng-maschig überwachen	»Am besten, Sie fangen so an: 1. ... 2. ... 3. ...« »Wenn Sie bei Schritt 2 sind, dann sagen Sie mir doch bitte Bescheid.«
spricht nicht über Schwierig-keiten	■ Probleme vor-strukturieren und als normal darstellen ■ Problemlösungen bzw. Hilfestellungen an-bieten	»Da kann es Ihnen passieren, daß ...; aber das ist nicht so tragisch.« »Wenn das passiert, dann machen Sie am besten ...« »In diesem Falle rufen Sie mich einfach an, dann machen wir das zusammen.«
zeigt Unsicher-heit/ Angst	■ Teilerfolge sichtbar bzw. erlebbar machen ■ beruhigen und Hilfe-stellungen anbieten	»Fürs erste war das doch schon super!« »Wir machen das erstmal gemeinsam.«
kennt keine Alter-nativen	■ nach Aufgabenerledi-gung immer wieder Al-ternativen erörtern bzw. aufzeigen ■ das Für und Wider zu-mindest einer Alterna-tive besprechen	»Was war denn der Vorteil von Möglichkeit X?« »Welche Risiken traten hierbei auf?«

Der Motivierte

Mitarbeiter in der linken oberen Hälfte des Leistungsspektrums verfügen ähnlich wie der Anfänger noch über Defizite im Bereich Können (Wissen, Fähigkeiten, Erfahrung), haben aber genügend Selbstsicherheit und Selbstvertrauen. Sie zeigen sich sehr lerninteressiert und signalisieren schnell, wo noch Informationsbedarf besteht. An seinen Fragen können Sie den Entwicklungsstand dieses Mitarbeiters ablesen.

Achten Sie darauf, daß er nicht unkontrolliert und unbegründet in die äußere linke Ecke driftet (Selbstüberschätzung), und vergewissern Sie sich gelegentlich, ob sein »Self-Monitoring«, das heißt, die Fähigkeit, sich selbst kritisch zu betrachten, angemessen ist.

Fazit

Insgesamt bringt dieser Mitarbeitertyp sehr gute Lernvoraussetzungen mit. Er ist motiviert und möchte von Ihnen fachlich dazulernen. Bisweilen unterschätzt er die Schwierigkeiten. Gestalten Sie seine Tätigkeit interessant und fordern Sie ihn. Er will leisten, nur das Wie muß er bei Ihnen noch lernen.

Menschen lernen nach dem Prinzip »Versuch und Irrtum« (trial and error). Wer keine Chance bekommt, etwas falsch zu machen, der hat auch keine Möglichkeit, das »Richtige« zu lernen.

Räumen Sie dem Anfänger »Versuchsfelder« ein, auf denen auch Fehler gemacht werden können, ohne daß Sie gleich »tödlich« sind. Von Ihnen als Vorgesetztem fordert dies Ruhe und Gelassenheit. Korrigieren Sie Fehler nicht schon, bevor sie entstanden sind.

Die meisten Menschen bemerken ihre Fehler von selbst. Aber bei der Frage, wo die Ursache zu suchen ist und wie es in Zukunft besser gemacht werden kann, da ist Ihre Unterstützung (Coaching) gefragt.

■ typisches Mitarbeiterverhalten	■ Führungsverhalten	■ Formulierungsmöglichkeiten
stellt häufig Fragen	■ auch wenn es manchmal schwerfällt, erklären Sie die Zusammenhänge ■ nehmen Sie sich Zeit	»Das kann ich Ihnen gerne erklären.« »Nehmen Sie einmal folgendes Beispiel: ...«
prescht leicht vor	■ behutsam bremsen, nicht blockieren ■ nutzen Sie seine Lernfähigkeit und Lernbereitschaft	»Was wollten Sie mit dieser Aktion erreichen?« »Lassen Sie uns das beim nächsten Mal ruhig vorher besprechen.«
versucht mitzudenken	■ geben Sie einen klaren Rahmen zur autonomen Gestaltung vor ■ verringern Sie allmählich die Anleitung	»Überlegen Sie sich eine Vorgehensweise, und probieren Sie es mal aus. Nur so werden Sie es lernen.«
überschätzt sich gelegentlich	■ stellen Sie Fragen, die Antwort regt zum Nachdenken an ■ lassen Sie Fehler zu	»Wie lassen sich denn diese Auswirkungen beim nächsten Mal vermeiden?« »Welchen Zeit- und Materialaufwand schätzen Sie denn dafür?«

Der Resignierte

Eine schwierigere Aufgabe stellt Ihnen der Mitarbeitertyp, der zwar könnte, was seine fachlichen Voraussetzungen angeht, aber momentan Defizite auf der Wollen-Achse hat. Das heißt, ihm fehlt es im Augenblick entweder an Identifikation, an Selbstvertrauen und Karrierechancen oder es gibt Probleme im Umgang mit Kollegen (Betriebsklima).

Vielleicht ist er aber auch nur kurzfristig aus betriebsfremden (zum Beispiel persönlichen oder privaten) Gründen nach rechts unten abgerutscht. Versuchen Sie möglichst schnell die Ursachen zu ergründen – das ist unter Umständen gar nicht so einfach, vor allem, wenn sie im privaten Bereich liegen.

Hier ist äußerst behutsames Vorgehen angeraten. Beobachten Sie das Leistungsverhalten ein bis zwei Monate, und versuchen Sie sich ein Bild über die möglichen Ursachen zu machen. (Übrigens: Falls die Ursache im privaten/ persönlichen Bereich liegt, sind die Kommunikationsmöglichkeiten eventuell sehr begrenzt. Viele Menschen wollen mit Vorgesetzten und Kollegen nicht über private/persönliche Dinge sprechen.)

Fazit

Insgesamt ist der Umgang mit dem resignierten Mitarbeiter für Vorgesetzte nicht ganz einfach. Die Ursachen liegen im Bereich der psychischen Schiene des Wollens. Sie sind daher schwer in Worte zu fassen und zu definieren. Die Gefahr, um den »heißen Brei« herumzureden, ist groß. Fakten und Beweise sind schwer zu erbringen. Viel eher stehen Vermutungen im Vordergrund.

Nehmen Sie sich Zeit, das Leistungsverhalten des Mitarbeiters zu beobachten. Bitte denken Sie daran, daß auch Ihr Verhalten mit als Ursache in Frage kommt. Ansonsten gilt, je näher an der »Ideal-Linie« das Verhalten liegt, desto tolerabler ist es.

Entscheidend ist auch die zeitliche Entwicklung – das heißt, die Frage, ob es sich um einen kurzfristigen »Absturz« aus persönlichen oder privaten Gründen handelt oder ob sich ein »Dauerfrust«-Potential angesammelt hat. Dieses Problem können Sie nur schwer oder möglicherweise gar nicht lösen.

■ typisches Mitarbeiter-verhalten	■ Führungs-verhalten	■ Formulie-rungsmög-lichkeiten
zeigt wenig Engageme nt, ergreift keine Initiative	■ durch gezieltes Fragen zweiseitige Kommuni-kation erreichen ■ wer fragt, »führt« das Gespräch	»Wie läßt sich denn aus Ihrer Sicht die Arbeit attraktiver gestalten?« »Machen Sie doch mal einen Vorschlag zu ...«
zieht sich zurück, kommuni-ziert wenig	■ an früheres Verhalten anknüpfen ■ gemeinsame Erfolge in Erinnerung rufen	»Ich kenne Sie ganz anders ...« »Wir haben doch schon ganz andere Fälle gemeinsam gelöst!«
wirkt mürrisch bis aggressiv, stellt keine Fragen	■ konkretes Verhalten ansprechen ■ Gesprächsangebot ma-chen	»Mir fällt seit einiger Zeit auf, daß ...« »Ich mache mir Sorgen um Sie, weil ...«
versucht, andere Mit-arbeiter negativ zu beeinflus-sen	■ dringender Hand-lungs- bzw. Gesprächs-bedarf ■ gegebenenfalls auch mit betroffenen Mitar-beitern sprechen	»Ihnen scheint die Arbeit/ Aufgabe ja wenig Freude zu machen; aber bitte lassen Sie da andere Mitarbeiter aus dem Spiel.« »Wenn Ihnen die Arbeit keinen Spaß mehr macht, dann sprechen Sie doch bitte mit mir.«

Der Könner

Der nahezu ideale Fall ist der des Mitarbeiters, der für seine Aufgabe ein größt-
mögliches Maß an »Können« mitbringt und dessen psychisch-emotionale Verfas-
sung ein äußerst hohes Maß an Identifikation, Sicherheit, Selbstvertrauen – also
»Wollen« – zeigt.

Natürlich handelt es sich nicht um den fehlerfreien Supermann bzw. -frau;
auch dieser Mitarbeiter braucht Ihre Führung und Ihr Feedback. Vor allem aber
braucht er Ihre Unterstützung bei der Ausübung seiner verantwortungsvollen
Tätigkeit.

Am besten führen Sie ihn an einer imaginären, sehr langen Leine. Die Verbindung zu Ihnen muß ständig bewußt (gegenwärtig) sein. Aufgrund seines Könnens weiß der Mitarbeiter, was er zu tun hat. Er muß aber auch wissen, daß Sie
der Vorgesetzte sind und daß Sie seine Arbeitsergebnisse zu verantworten haben.

Auf lange Sicht sollten Sie darüber nachdenken, wie Sie ihn fordern und
fördern können. Vielleicht können Sie ihm auch bei seiner Karriereentwicklung behilflich sein, denn irgendwann fühlt er sich nicht mehr ausgelastet und gefordert
und strebt nach »höheren Weihen«.

Fazit

Dieser Mitarbeiter will gefordert sein. Er sucht Herausforderungen, ohne deshalb
unvorsichtig zu werden. Von Ihnen kann er am ehesten in Sachen »Führen« etwas
lernen, denn alles Fachliche beherrscht er.

Halten Sie ihm den Rücken frei und stärken Sie sein Verantwortungsbe-
wußtsein, indem Sie an ihn delegieren. Vergessen Sie bei alledem nicht, ihn weiterzuentwickeln und ihm bei seiner Karriere behilflich zu sein. Die Gefahr, ihn zu
»verheizen«, ist groß. Im Rahmen langfristiger Personalentwicklung sollten Sie
frühzeitig mit ihm über seine beruflichen Vorstellungen sprechen.

Da »gute Leute« meist wissen, daß sie gut sind, hat dieser Mitarbeiter keinen so großen Bedarf an Lob in Worten, sondern eher in »Taten« – nicht unbedingt
materiell, sondern viel eher immateriell, etwa durch offizielle Ernennung zum
Stellvertreter oder Übertragung entsprechender Zuständigkeiten.

■ typisches Mitarbeiterverhalten	■ Führungsverhalten	■ Formulierungsmöglichkeiten
kennt seine Aufgaben und entscheidet selbständig, hält Sie auf dem laufenden	■ nach Ergebnissen fragen ■ Freiraum gewähren	»Wie weit ist denn die Sache ... gediehen?« »Machen Sie das so, wie Sie es für richtig halten.«
strahlt Engagement und Zuversicht aus	■ Leistung anerkennen und bestärken ■ Aufgaben delegieren	»Bei Ihnen läufts ja super ...« »Ihnen sieht man den Erfolg ja direkt an!«
erkennt kritische Punkte und sieht Gefahren rechtzeitig, macht Vorschläge	■ Entscheidungshilfe leisten ■ eigene Erfahrungen mitteilen	»In solchen Fällen habe ich mit ... ganz gute Erfahrungen gemacht.« »Wir hatten mal eine Situation, da haben wir ...«
motiviert andere und hilft ihnen, er unterstützt Sie als Chef	■ seine Unterstützungsbereitschaft hervorheben ■ Verantwortung delegieren	»Ich höre immer wieder, daß Sie sich da so großartig engagieren ...« »Ihre Talente in Sachen Ausbildung der Kollegen finden eine große Resonanz!«

Der Verweigerer

Ein besonderer Fall ist der eines Mitarbeiters, der, obwohl er fachlich »könnte«, einfach nicht oder nicht mehr leisten will. Dieses Verhalten kann Dauerfrust oder innere Kündigung als Hintergrund haben, möglicherweise aber auch Isolation unter Kollegen bzw. ein ungünstiges Betriebsklima, Mobbing etc.

Der Umgang mit diesem Mitarbeiter wird durch die Tatsache erschwert, daß der Vorgesetzte mit als Ursache für diese Entwicklung in Frage kommt oder daß es vom Mitarbeiter zumindest so gesehen wird.

In jedem Fall müssen Sie als Vorgesetzter aktiv werden – und zwar bald! Gerade in einer solchen Situation gilt das Gebot: »*Handeln Sie rechtzeitig!*« Da das Verhalten dieses Mitarbeiters auch juristisches Konfliktpotential in sich birgt, ist eine sehr sorgfältige Vorbereitung des Vorgesetzten nötig. Schließlich kann die Anwendung von Diziplinarmaßnahmen nicht ausgeschlossen werden (Abmahnung, Versetzung, Kündigung etc.).

■ typisches Mitarbeiterverhalten	■ Führungsverhalten	■ Formulierungsmöglichkeiten
meidet den Kontakt zum Vorgesetzten	■ bestehen Sie auf regelmäßigen Kontakt bzw. Reporting ■ ergreifen Sie notfalls die Initiative	»Von Ihnen habe ich ja schon länger nichts mehr gehört, was macht denn das Projekt X?« »Hin und wieder sollten wir schon das Gespräch miteinander suchen.«
kritisiert nahezu alles, was von ihm verlangt wird	■ fragen Sie nach Gründen ■ verlangen Sie konstruktive Vorschläge	»Positives höre ich ja von Ihnen sehr selten ...« »Was gefällt Ihnen denn an Ihrer Arbeit oder bei uns in der Firma?«
vernachlässigt seine Aufgaben	■ verstärkte Kontrolle der Arbeitsergebnisse ■ falls nötig »Kritikgespräch«	»Wir sollten mal über Ihre Arbeit sprechen – am besten gleich morgen ...«
ist zynisch/ironisch und macht sich über die Kollegen bzw. die Arbeit lustig	■ andere Mitarbeiter mit einbeziehen und ... ■ ... zum Gespräch mit ihm animieren	»Sie haben doch ganz guten Kontakt zu XY, versuchen Sie doch mal, mit ihm zu sprechen ...« »Was hat denn der XY, Sie kennen ihn doch viel besser als ich.«

Die Häufigkeit
der verschiedenen Situationen

Die vorstehend beschriebenen Führungssituationen treten nicht mit gleicher Häufigkeit bzw. Intensität auf.

Während die Entwicklung von links unten nach rechts oben normal ist, finden sich in den beiden anderen Ecken links oben und rechts unten nur sehr wenige Fälle.

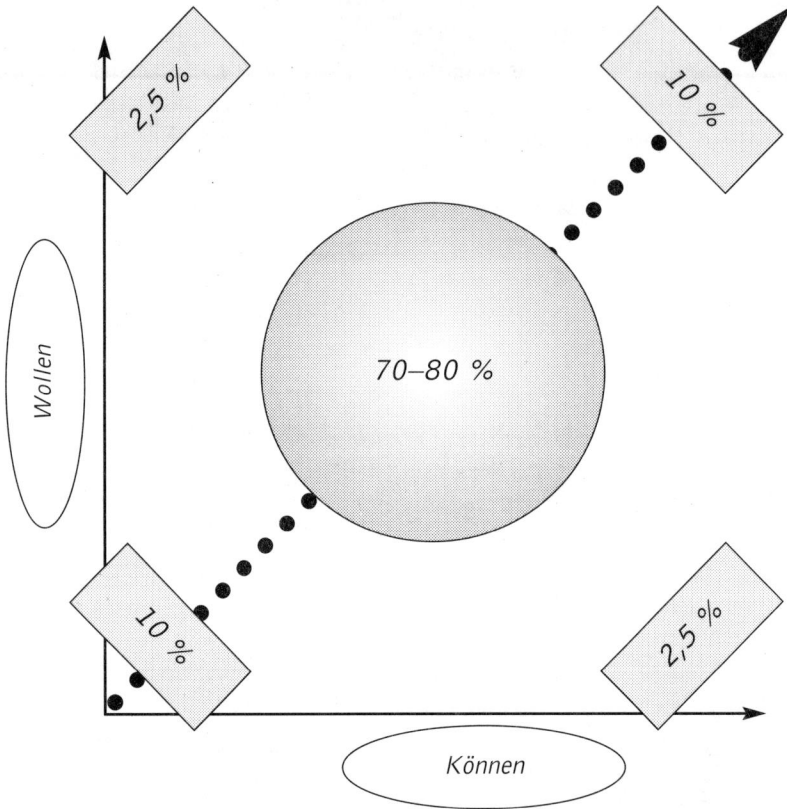

Analog einer »Gaußschen Normalverteilung« läßt sich dies am besten zeigen. Es scheint sich also die alte Pareto-Regel zu bewahrheiten: ca. 20 Prozent der Fälle beanspruchen 80 Prozent des Führungsaufwandes. Für diese 20 Prozent besonders extremer und problematischer Fälle haben Sie genügend Zeit und Ruhe, wenn Sie die mittleren 80 Prozent im Griff haben.

Teilt man die Situationen in links und rechts (oberhalb und unterhalb der Diagonale), so gilt:

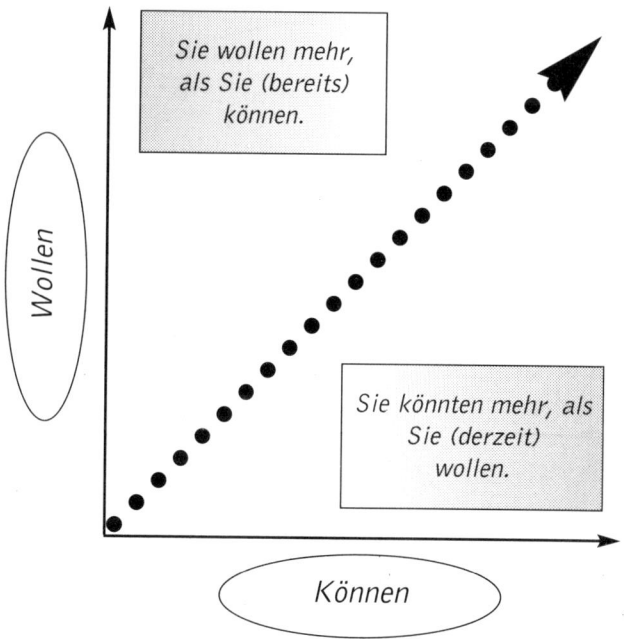

Für Vorgesetzte ist der Umgang mit den »Wollen«-Situationen (links) erfahrungsgemäß meist einfacher als mit den »Können«-Situationen (rechts):

■ Wollen	■ Können
Defizite sind leichter identifizierbar (Zahlen, Daten, Fähigkeiten)	Defizite sind schwer kommunizierbar
Lernmotivation ist vorhanden	Vorgesetzte sind nicht dafür ausgebildet
Vorgesetzter ist »Fachmann« auf diesem Gebiet	Vorgesetzte sind unter Umständen »Mit-Ursache«

Eine Aufgaben- bzw. Stellenbeschreibung umfaßt mehrere Tätigkeitsbereiche. Die »Mitarbeiter-Bereitschaft« muß zunächst für jeden Bereich getrennt festgestellt werden.

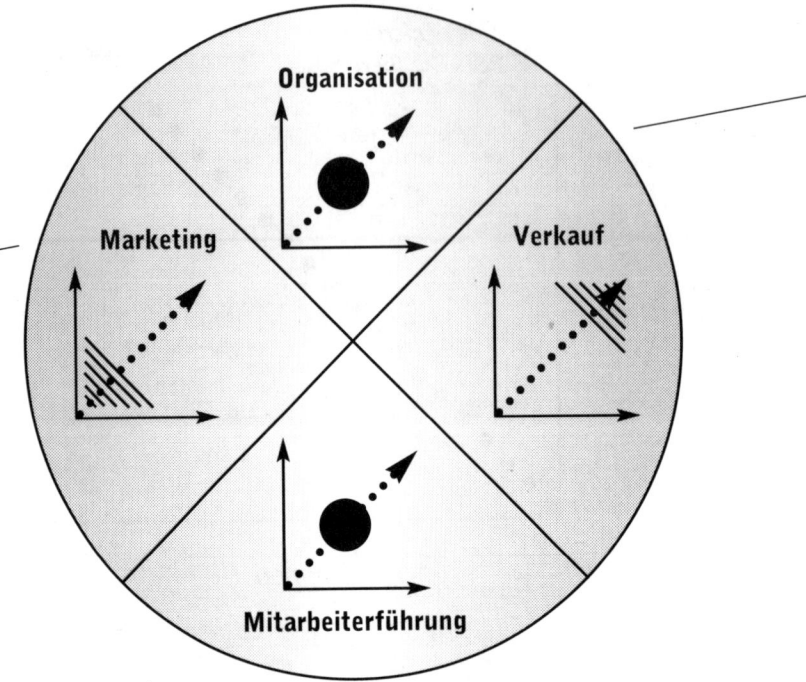

Aus den Ergebnissen der einzelnen Aufgabengebiete läßt sich dann ein Gesamtresümee ziehen.

Teil 5:
Kommunikation

Führen heißt nicht nur organisieren, sondern vor allem auch kommunizieren.

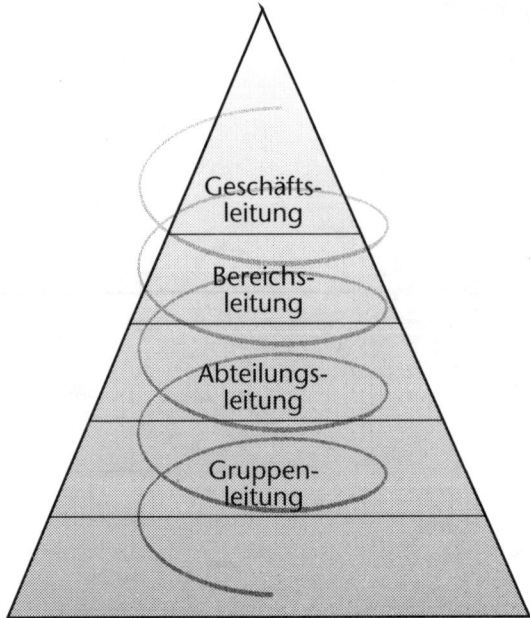

Auf jeder Ebene muß – sowohl nach oben als auch nach unten – kommuniziert werden. Als Vorgesetzter tragen Sie Verantwortung für das Ergebnis der »Führungskommunikation«.

Allerdings wird die Kommunikation zwischen Menschen durch eine Reihe soge-
nannter Wahrnehmungsfilter gestört. Am Beispiel des klassischen Sender-Emp-
fänger-Modells heißt dies, daß ein Teil der Informationen vom Zuhörer unbewußt
ausgefiltert wird.

Der Angesprochene »hört« also die Dinge gerne so, wie sie für ihn ange-
nehm sind bzw. wie er sie aufgrund seiner Vorurteile und Einstellungen hören
möchte. Denken Sie also auch bei der Kommunikation von Führungsinhalten gegenüber Ihren Mitarbeitern daran, daß vieles nicht so verstanden wird, wie Sie es
gemeint haben. Als Vorgesetzter sind hauptsächlich Sie dafür verantwortlich, daß
Sie auch »richtig« verstanden werden.

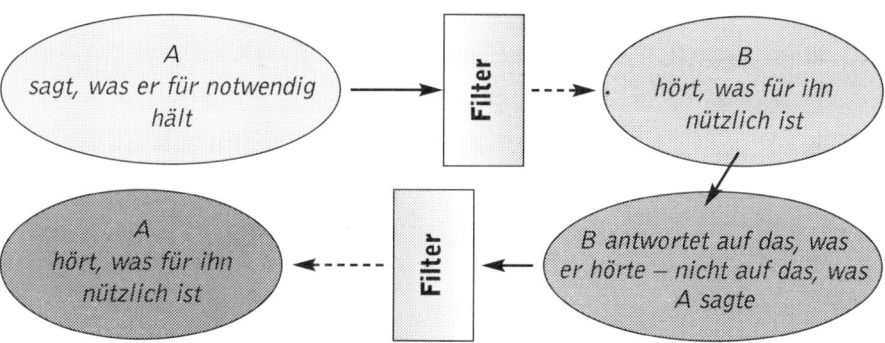

Beispiele (bitte fügen Sie selbst weitere hinzu):

■ Sie sagen ...	■ Mitarbeiter versteht ...
»... wichtige Aufgabe ...«	»... macht viel Arbeit ...«
»... erfolgreiches Projekt ...«	»... gibt mehr Geld ...«
»... unumgängliche Maß-nahme ...«	»... werde entlassen ...«

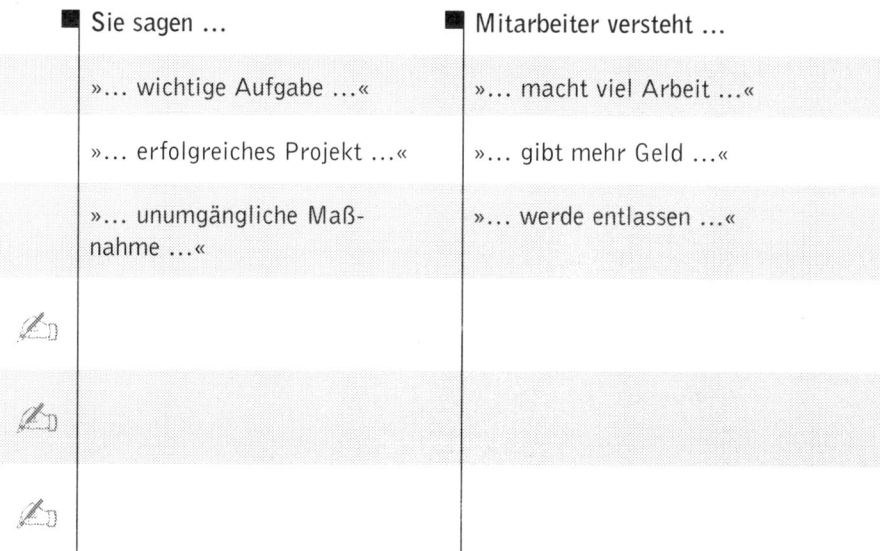

Wenn Sie auf das Verhalten eines Mitarbeiters einwirken möchten, dann überfordern Sie ihn bitte nicht. Menschen können mit Erfolg selten mehr als ein bis zwei Verhaltensweisen gleichzeitig und dauerhaft verändern. Es liegt an Ihnen als Vorgesetztem, hier die richtigen Prioritäten zu setzen.

Die Beachtung der folgenden Punkte hilft Ihnen dabei:

- Besprechen Sie nur wenige Punkte.

- Sprechen Sie klare Ziele an.

- Wählen Sie eine angemessene Sprachebene.

- Fassen Sie die Ergebnisse deutlich zusammen.

- Fixieren Sie Termine für Follow-up-Gespräche.

- Schaffen Sie eine positive Gesprächsatmosphäre, seien Sie freundlich.

- Konzentrieren Sie sich auf Verhalten, ohne persönliche Urteile zu fällen oder zu äußern. Der Mitarbeiter soll sein Verhalten im Hinblick auf Erfolg oder Mißerfolg selbst beurteilen.

- Geben Sie dem Mitarbeiter die Chance, Ergebnisse seines Verhaltens zu erkennen.

- Geben Sie dem Mitarbeiter ein positives Feedback.

- Erörtern Sie mit dem Mitarbeiter gegebenenfalls mehrere Alternativen, und zeigen Sie ihm die Auswirkungen auf die künftige Entwicklung.

Fragetechnik in der Gesprächsführung

Wer Fragen stellt, »führt« das Gespräch und bestimmt die Richtung. Die Gesprächsvorbereitung ist daher vor allem Vorbereitung auf entsprechende Fragen:

1. Was ist das Ziel des Gesprächs?

2. Welche Informationen will ich im Gespräch erhalten?

3. Wie muß ich Fragen formulieren, um die gewünschten Informationen zu erhalten?

Folgende Frageformen sind möglich:

- ■ Geschlossene Frage   Kann nur mit ja oder nein beantwortet werden
- ■ Offene Frage   Sie beginnt mit einem Fragewort: Was? Wie?
  (W-Frage)   Wann? Warum? etc.
- ■ Offene Frage   Sie regt zum Nachdenken an und kann nicht in
  (Hochwertfrage)   einem Satz beantwortet werden. Die Antwort
       liefert hochwertige Informationen.

Einstiegsformulierungen für Hochwertfragen

Worin sehen Sie die Vorteile von ...?

Welche Auswirkungen könnte es haben, wenn ...?

Wie beurteilen Sie die Chancen von ...?

Wohin geht für Sie der Trend?

Wo sehen Sie Möglichkeiten?

Die hierbei verwendeten Begriffe sind bewußt weit gefaßt und regen den Antwortenden zum Nachdenken, Abwägen und Erörtern an. Sie können auf diese Weise etwas über die Wünsche, Visionen, Sorgen und Hoffnungen Ihrer Gesprächspartner erfahren.

Welche weiteren Beispiele für Hochwertfragen könnten für Ihre Gespräche nützlich sein?

Gesprächsszenarien

Führen Sie Ihren Gesprächspartner in ein Szenario ein, welches der realen Situation möglichst nahekommt. Insbesondere folgende Grundszenarien kommen in Frage:

Konflikt	Sie stellen den Sachverhalt in einer Konfliktsituation dar (zum Beispiel Loyalitätskonflikt etc.).
Standard	Stellen Sie Fragen nach dem Für und Wider anerkannter Standards (zum Beispiel aus den Bereichen Marketing, Verkauf, Produktion etc.).
Aktualität	Versuchen Sie, dem Thema einen aktuellen Bezug zu geben. (Zum Beispiel: »Ein führender Wissenschaftler, Politiker etc. hat neulich gesagt ... Wie sehen Sie das?«)
Fiktion	In einem fiktiven Szenario bezieht Ihr Gesprächspartner Position. (Zum Beispiel: »Nehmen wir einmal an, der Kunde würde mit dem Wunsch an Sie herantreten ... Wie würden Sie sich verhalten?«)

Gesprächsrahmen

Für den Erfolg eines Mitarbeitergespräches sind neben den Inhalten auch die Rahmenbedingungen entscheidend:

■ Ambiente,

■ Atmosphäre,

■ Beziehungsebene,

■ nonverbale Signale.

Hier einige Vorschläge dazu:

- normales, angemessenes Ambiente,
- Persönliches/Privates ansprechen,
- Agenda besprechen (Themen),
- Zeitbudget vereinbaren,
- »leerer« Schreibtisch,
- keine Störungen/Ablenkung (Telefon etc.),
- Distanz abbauen,
- öffnende Gesten/Sitzordnung,
- sich einbringen (»Wir ...«).

Spielräume und Unterschiede nutzen

Auch bzw. gerade in schwierigen Gesprächssituationen ist es bisweilen zweckmäßig, eine eher weichere Gangart zu wählen. Wo etwa eine endgültige Lösung im Augenblick noch nicht in Sicht ist, läßt sich alternativ ein vorübergehendes Ergebnis erzielen. Weitere Beispiele könnten sein:

härter	weicher
sachliche Einigung	Einigung über das Verhalten
dauerhafte Einigung	vorläufige Einigung
umfassende Einigung	partielle Einigung
detaillierte Einigung	prinzipielle Einigung
bedingungslose Einigung	bedingte Einigung
bindende Einigung	nicht bindende Einigung

Vorteile für beide Seiten entstehen bereits da, wo die erkannten und herausgestellten gemeinsamen Interessen zu gemeinsamen Zielen formuliert werden. Hierdurch eröffnet sich die Möglichkeit, auch unterschiedliche Vorschläge und Optionen in Richtung eines gemeinsam als wichtig erkannten Zieles zum Vorteil beider Seiten zu nutzen.

So können Unterschiede in Interessen und Überzeugungen die Möglichkeit eröffnen, beispielsweise eine Verbindung zwischen großem Nutzen für die eine Seite und geringen Kosten für die andere Seite herzustellen.

Einige Grundregeln für erfolgreiche Mitarbeitergespräche

- Wichtig ist ein partnerschaftliches Vertrauensverhältnis, kein traditionelles Über- und Unterordnungsverhältnis.

- Man sollte das Kritikgespräch als konstruktiven Problemlösungsprozeß sehen, in dem es nicht um die Be- und Verurteilung einer Person geht, sondern um die gemeinsame Lösung eines Problems.

- Sie sollten Fragen stellen – der Mitarbeiter hat mit Sicherheit viele der Beobachtungen, die Sie ihm mitteilen möchten, bereits selber gemacht. Mit hoher Wahrscheinlichkeit kann er viele der anstehenden Fragen selber beantworten; ebenso wird er selbst Alternativen kennen oder entwickeln können. Sie müssen ihn nur danach fragen.

- Führen Sie konkrete Verhaltensbeobachtungen durch, und ziehen Sie nicht voreilige Schlüsse auf vermutete Eigenschaften oder Absichten.

- Berücksichtigen Sie, daß Sie falsch beobachtet haben oder sogar der Anlaß des negativen Verhaltens des anderen sein könnten (subjektiv).

- Fragen Sie den Mitarbeiter nach alternativen Verhaltensmöglichkeiten (was er glaubt, anders tun zu können).

- Bedenken Sie, daß die neue Verhaltensweise den Interessen/Beweggründen (Motiven) des Mitarbeiters entsprechen muß.

Nutzen Sie Feedback, also die Rückmeldung darüber, wie das Verhalten bzw. die Leistung des Mitarbeiters bei Ihnen »angekommen« ist, als wichtiges Führungsinstrument.

Im folgenden erhalten Sie noch ein paar Anregungen über den Umgang mit Feedback. Gerade bei Zielvereinbarungsgesprächen und Coaching hat es sich bestens bewährt, Feedback zu geben!

Was ist Feedback?

Feedback (Rückmeldung) ist eine Mitteilung an eine Person, die diese darüber informiert, wie ihre Verhaltensweisen von anderen wahrgenommen, verstanden und erlebt werden. Feedback ergänzt das Selbstbild einer Person durch ein Fremdbild, das heißt durch das Bild, das andere von einem haben.

Das Johari-Fenster

Nach Joe Luft und Harry Ingham kann man die mögliche Information über eine Person in ein Fenster mit vier Feldern einteilen.

mir

	bekannt	*unbekannt*
bekannt **anderen** *unbekannt*	**I** **Arena**	**III** **blinder Fleck**
	II **Fassade**	**IV** **unbekannt**

I.   Was mir und anderen über mich bekannt ist, wird als »Arena« bezeichnet. Hier spielt sich offenes und öffentliches Verhalten ab.

II.   Was mir bekannt, anderen aber unbekannt ist, gilt als »Fassade«. Ich verberge anderen also bewußt etwas oder spiele Ihnen etwas vor.

III. Was mir unbekannt, anderen aber an meinem Verhalten bekannt ist, ist für mich ein »blinder Fleck«. Andere nehmen also Verhaltensweisen an mir wahr, die mir gar nicht bewußt sind. Sie sehen Sachen, die ich nicht sehe.

IV. Was mir und anderen unbekannt ist, wird als »unbekannt« oder »ungewußt« bezeichnet. So hat jede Person zum Beispiel unbewußte Wünsche oder Potentiale, von denen weder sie noch die anderen wissen.

Warum Feedback?

Ziel des Feedback ist es, mehr über sich zu erfahren (Feedback erfragen) und den anderen mehr über sich mitzuteilen (Informationen geben). Das heißt, nach einem Feedback können die Proportionen des Johari-Fensters folgendermaßen verschoben sein:

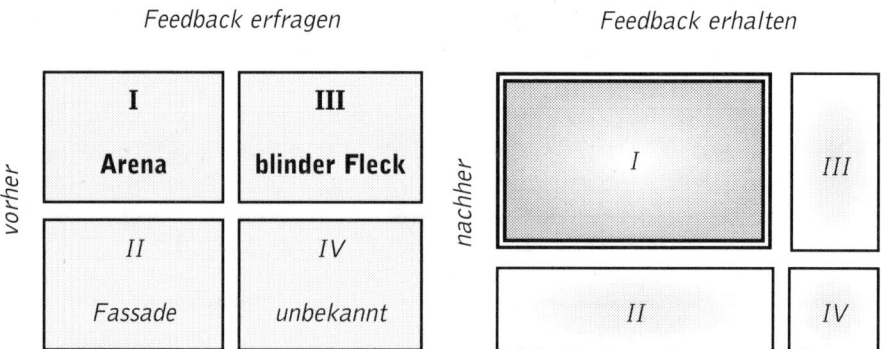

Das mögliche Ausmaß an Feedback und seine Wirkung hängen weitgehend vom Vertrauen zwischen den jeweils betroffenen Personen ab sowie von der Art und Weise, wie Feedback gegeben wird.

Welche Ziele hat Feedback?

■ Es stützt und fördert positive Verhaltensweisen, indem diese anerkannt werden.

Beispiel:

Durch Ihre klare Analyse haben Sie uns wirklich geholfen, das Problem deutlicher zu erkennen.

■ Es korrigiert Verhaltensweisen, die dem Betreffenden und der Gruppe nicht weiterhelfen oder die der eigentlichen Intention nicht entsprechen.

Beispiel:

Es hätte mir mehr geholfen, hätten Sie sich mit Ihrer Meinung nicht zurückgehalten, sondern sie offen ausgesprochen.

■ Es klärt die Beziehungen zwischen Personen und hilft, den anderen besser zu verstehen.

Beispiel:

Ursprünglich dachte ich, wir könnten in dieser Konstellation nicht zusammenarbeiten, nun aber sehe ich, daß wir sehr gut miteinander auskommen.

Wenn alle Beteiligten (Gruppen-, Team-, Abteilungsmitglieder etc.) zunehmend bereit sind, sich gegenseitig solche Hilfe zu geben, dann wachsen die Möglichkeiten des Voneinander-Lernens erheblich. Nur auf diesem Weg ist es möglich, die Fremdwahrnehmung mit der Selbstwahrnehmung systematisch zu vergleichen.

Wie wird Feedback gegeben?

■ Indem ich den anderen wissen lasse, was ich über mich selbst denke und was ich fühle.

■ Indem ich die andere Person wissen lasse, was ich über sie denke und fühle (Konfrontation).

■ Indem wir uns gegenseitig sagen, was wir über uns selbst und den anderen denken und fühlen (Feedback-Dialog).

Feedback-Informationen können auf verschiedene Art und Weise gegeben werden:

■ **Feedback** ■

bewußt: zustimmend nicken bzw. blicken	unbewußt: einschlafen, spielen, malen
spontan: »vielen Dank«, »super!« etc.	erbeten: »ja, es hat geholfen«
in Worten: »nein«, »nie«, »klar«	wortlos: den Raum verlassen, sich wegdrehen
formal: Fragebogen, Report	nicht formal: Beifall klatschen, klopfen, scharren

Einige Feedback-Regeln

Damit Feedback seine positive Wirkung erzielt bzw. den Empfänger erreicht, ist es wichtig, einige Regeln zu beachten:

Feedback soll:

■ genau beschreiben (im Gegensatz zu bewerten oder interpretieren – das heißt, Wahrnehmung als Wahrnehmung und Gefühl als Gefühl beschreiben);

■ spezifisch und konkret sein (im Gegensatz zu allgemein bzw. spekulativ);

■ angemessen sein (das heißt, die Bedürfnisse des anderen, nicht die des Feedback-Gebers berücksichtigen);

- erbeten und nicht aufgezwungen sein (da es sonst die Wirksamkeit beeinträchtigt);

- akzeptabel in der Form sein und sich möglichst auf Verhaltensweisen beziehen, die der Empfänger auch verändern kann;

- möglichst unmittelbar und zeitnah sein (weil damit die Wirksamkeit erhöht ist);

- korrekt sein (das heißt, andere Teilnehmer nach ihren Beobachtungen fragen und diese miteinander vergleichen).

Die Wirkung dieses positiven Feedbacks stabilisiert, regt an, wirkt emotional positiv, motiviert, unterstützt.

Feedback soll nicht:

- generalisieren,

- moralisieren,

- bewerten,

- interpretieren,

- spekulieren,

- demütigen,

- vernichten.

Die Wirkung solchen negativen Feedbacks: Störung des Selbstwertgefühls, kognitiv und/oder emotional belastend, Verletzung, Verunsicherung, Hemmung, Aggression, Verteidigungshaltung, Depression.

→ **Feedback muß annehmbar sein!**

Feedbackregeln für den Empfänger:

- nicht argumentieren und verteidigen,

- nur zuhören, nachfragen und klären,

- auch für »negatives« Feedback dankbar sein,

■ Feedback als Chance sehen, es besser zu machen,

■ Feedback ist der Spiegel, den andere Ihnen vorhalten.

Die Wirksamkeit der Hilfe hängt maßgeblich vom Grad der Offenheit des Emp-fängers ab.

→ **Freuen Sie sich über jedes Feedback und bedanken Sie sich dafür!**

Kritikgespräch

Insbesondere bei – meist akut erforderlichen – Kritikgesprächen ist eine klare und strukturierte Vorgehensweise geboten. Bereiten Sie sich anhand der nachfolgenden Checkliste auf das Gespräch vor. Zur Untermauerung der beanstandeten Defizite sollten Sie konkrete Beispiele nennen können.

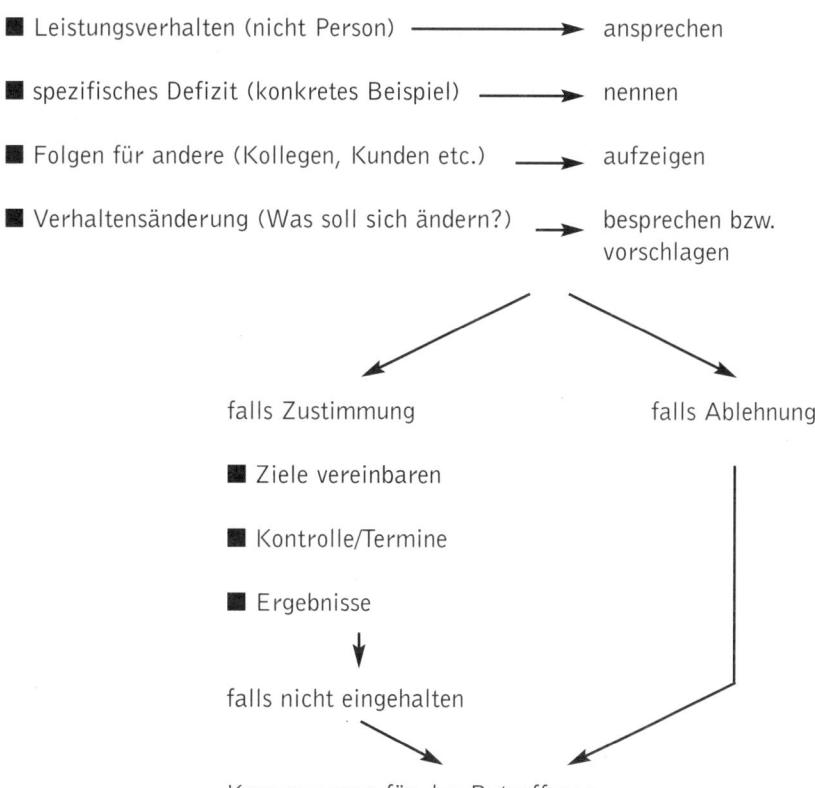

■ Leistungsverhalten (nicht Person) ⟶ ansprechen

■ spezifisches Defizit (konkretes Beispiel) ⟶ nennen

■ Folgen für andere (Kollegen, Kunden etc.) ⟶ aufzeigen

■ Verhaltensänderung (Was soll sich ändern?) ⟶ besprechen bzw. vorschlagen

falls Zustimmung   falls Ablehnung

■ Ziele vereinbaren

■ Kontrolle/Termine

■ Ergebnisse

falls nicht eingehalten

Konsequenzen für den Betroffenen

1. Besprechen Sie das Problem unter vier Augen

Das Eingreifen in einer kritischen Situation sollte immer unter vier Augen erfolgen. Rügen Sie Ihre Mitarbeiter nicht in Gegenwart von Kollegen. Dies mindert die Wahrscheinlichkeit, daß der Mitarbeiter Ihren Anweisungen seine volle Aufmerksamkeit schenkt. Seine Gedanken sind mit der Frage beschäftigt, was die anderen, die sich zufällig in Hörweite befinden, darüber denken mögen.

2. Stellen Sie die Leistung in den Mittelpunkt

Stellen Sie die Leistung und nicht persönliche Vorlieben oder Abneigungen in den Mittelpunkt. Ihre Gefühle gegenüber der Person des Mitarbeiters haben wenig mit dessen Leistungsproblemen zu tun. Machen Sie nicht den Fehler, die Person anstatt der Leistung zu beurteilen.

3. Seien Sie spezifisch

Seien Sie so spezifisch wie möglich, wenn Sie einem Mitarbeiter gegenüber ein Problem ansprechen. Das bedeutet im allgemeinen, daß Sie sich gründlich vorbereiten und Fakten und Zahlen parat haben müssen, statt sich auf unbelegte Aussagen anderer zu verlassen. Achten Sie darauf, daß das Gespräch sich auf solche spezifischen Fakten konzentriert.

4. Handeln Sie rechtzeitig

Greifen Sie so früh wie möglich ein. Die Auswahl des richtigen Zeitpunktes ist beim Besprechen eines Leistungsproblems entscheidend. Verschließen Sie nicht die Augen vor solchen Problemen, in der Hoffnung, daß sie sich von selbst erledigen. Sprechen Sie sie an.

5. Schaffen Sie Klarheit

Beachten Sie auch, daß Problemlösung nicht notwendigerweise bedeutet, daß der Vorgesetzte und der Mitarbeiter sich zusammensetzen und fröhlich über Wege des geringsten Widerstands diskutieren. In kritischen Fällen müssen Vorgesetzte auch zu autoritären Maßnahmen greifen und deutlich machen, was auf dem Spiel steht.

In manchen Situationen kann die eigentliche Schwierigkeit darin bestehen, daß nicht genügend Klarheit über Ziele und Erwartungen herrscht. Ist dies der Fall, so müssen diese Punkte noch einmal klar artikuliert werden.

Ziel des Vorgesetzten in kritischen Situationen ist es, die Motivation des Mitarbeiters wieder zu stärken. Dies geht aber nur, wenn der Vorgesetzte von einer starken Basis »persönlichen Einflusses« auf den Mitarbeiter ausgehen kann (siehe Teil 3).

Umgang mit Gerüchten

Als Vorgesetzter werden Ihnen häufig Gerüchte, Vermutungen etc. zugetragen, denen Sie sich nicht grundsätzlich entziehen können. Auch ohne handfeste Beweise müssen Sie sich unter Umständen Klarheit darüber verschaffen, »ob was daran ist« bzw. ob Handlungsbedarf besteht.

Das berühmte »Sicherlich wissen Sie schon ...« oder »Jeder hier in der Abteilung weiß ...«, löst insoweit kein gutes Gefühl aus, als wir uns lieber auf Fakten stützen als auf Vermutungen.

So gilt es, möglichst schnell die notwendigen Informationen zu gewinnen. Die nachstehenden Punkte sollen eine Strukturierungshilfe darstellen:

- Fragen Sie den Überbringer der Gerüchte nach seiner Quelle.

- Bitten Sie um aussagekräftige Beweise.

- Finden Sie heraus, ob der Informant selbst mit dem Betroffenen gesprochen hat.

- Falls nicht, fragen Sie den Informanten, warum er es Ihnen sagt und nicht dem Betroffenen.

- Führen Sie sehr behutsam zunächst Einzelgespräche mit den Beteiligten.

- Falls notwendig, bereiten Sie die Beteiligten auf die Notwendigkeit eines gemeinsamen Gespräches vor.

- Stellen Sie ruhig klar, daß Sie mehr davon halten, miteinander zu sprechen statt übereinander.

- Alle Beteiligten sollen lernen, daß das rechtzeitige und offene Ansprechen von Konflikten und Fehlern unmittelbar mit den Betroffenen bzw. Beteiligten der erfolgversprechendste Weg ist.

Umgang mit Beschwerden

Bei Beschwerden von Mitarbeitern über Kollegen oder Vorgesetzte sollten Sie folgendes bedenken:

→ **Wer sich beschwert ...**

    ... hat sich bereits geärgert,
    ... ist emotional betroffen,
    ... möchte sich Gehör verschaffen,
    ... braucht Ihre Mithilfe zur Problemlösung.

Es bietet sich daher an, bei Beschwerden die folgenden Punkte Schritt für Schritt durchzuarbeiten:

■ Ziel	■ Weg
1. Schritt	
Verständnis bzw. Mitgefühl zeigen	**zuhören, den anderen reden lassen** »Das ist aber unangenehm ...« »Da kann ich Ihren Ärger gut verstehen ...« »So etwas würde mich auch ärgern ...«
2. Schritt	
Sachverhalt klären bzw. sich schildern lassen	**Fragen stellen und aktiv zuhören** »Wie ist das genau passiert?« »Was hat sich denn ereignet?« »Was haben Sie unternommen?«
3. Schritt	
Zwischenergebnis zusammenfassen	**kurze prägnante Sätze** »Folgendes ist also passiert ...« »Habe ich richtig verstanden, daß es sich so zugetragen hat ...«

▪ Ziel	▪ Weg
4. Schritt	
Lösungsmöglichkeiten erörtern	**nach Vorschlägen fragen bzw. Lösungen anbieten** »An welche Möglichkeiten haben denn Sie gedacht?« »Was haben Sie ihrerseits bereits unternommen?« »Wären Sie mit folgender Möglichkeit (Lösung) einverstanden?«
5. Schritt	
Ergebnis zusammenfassen und Zustimmung erwirken	**kurze prägnante Formulierungen; Beziehungsebene ansteuern** »Ich freue mich, daß wir zu dieser Lösung gekommen sind.« »Also können wir so verbleiben, daß ...«

Wer sich beschwert, hat entweder (objektiv) Unrecht erlitten oder glaubt dies zumindest (subjektiv). Belehrungen, Ermahnungen bzw. Schuldzuweisungen entsprechen daher nicht dem emotionalen Bedürfnis des Beschwerdeführers.

Manchmal kann es hilfreich sein, an frühere gemeinsame Erfolge bzw. an gemeinsame Problemlösungen zu erinnern. (»Wir haben schon in viel schwierigeren Situationen zu Lösungen gefunden. Ich denke zum Beispiel an ...«)

Je eher sie gemeinsam von der Ebene emotionaler Betroffenheit auf die Sachebene kommen, um so besser können Sie das Problem lösen.

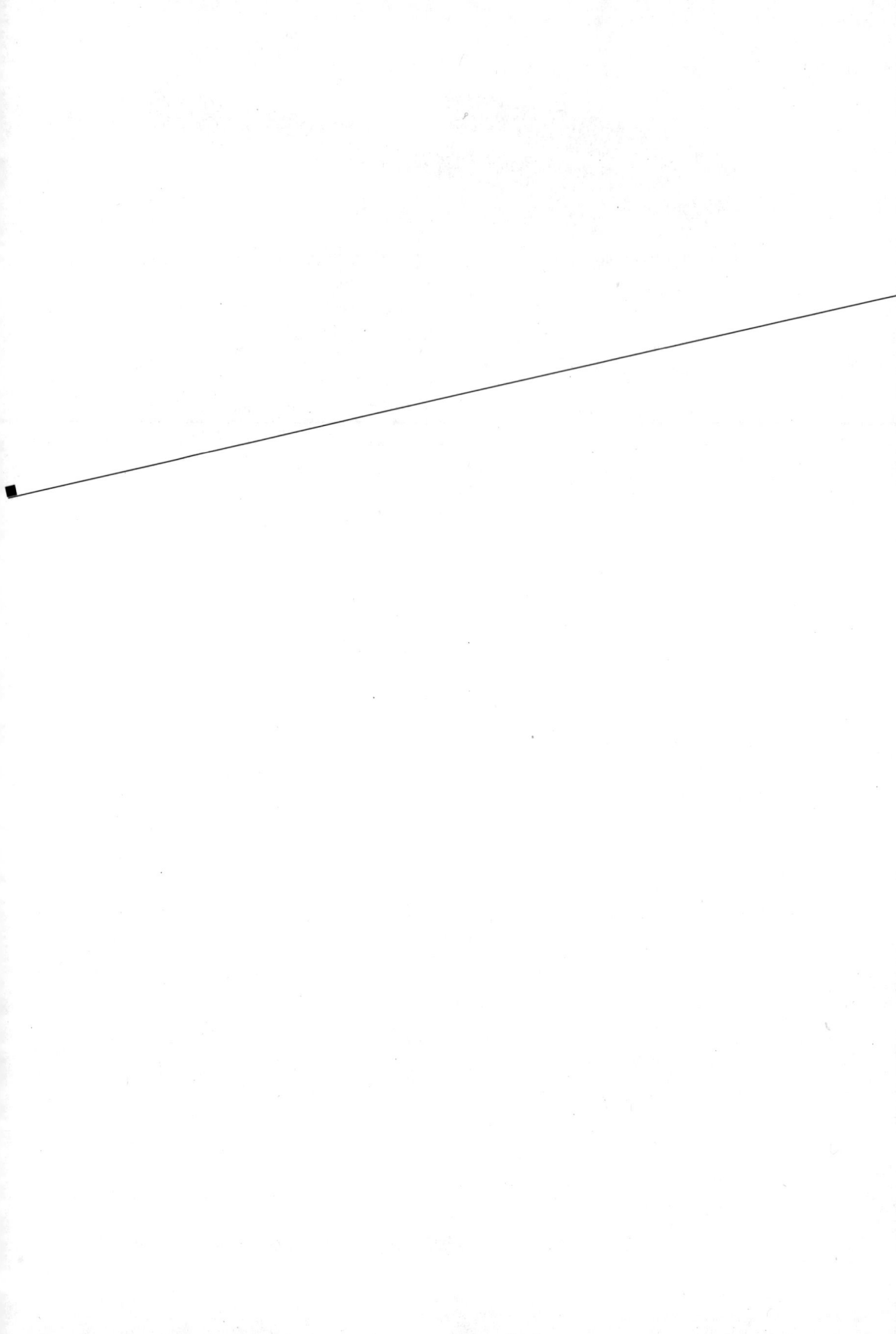

Teil 6:
Coaching

Bei der Förderung der Entwicklung eines Mitarbeiters besteht der erste Schritt gewöhnlich darin, daß der Vorgesetzte weniger Anleitung gibt bzw. ein weniger aufgabenorientiertes Verhalten zeigt.

Dadurch soll eine Ausgangslage geschaffen werden, die es dem Mitarbeiter erlaubt, seine Leistungsfähigkeit unter Beweis zu stellen. Erfüllt der Mitarbeiter seine Aufgabe zur Zufriedenheit des Vorgesetzten, besteht der nächste Schritt der Förderung des Entwicklungsprozesses darin, daß der Vorgesetzte sein unterstützendes *Verhalten* immer mehr verstärkt:

→ **1. Anleitung verringern**
   2. Unterstützung verstärken (Coaching)

Diese Unterstützung kann auch durch materielle Verbesserungen am Arbeitsplatz, durch immaterielle Belohnung – wie zum Beispiel Lob und Anerkennung – oder einfach durch die Erwähnung der guten Leistung erfolgen.

Die Förderung der Entwicklung von Fähigkeiten ist der Ausdruck einer positiven Grundeinstellung und Wertschätzung anderer Menschen gegenüber. Das bedeutet, auch Mitarbeiter als potentielle Führungskräfte anzusehen, deren Motivation – durch Stolz auf die eigenen Fähigkeiten – gestärkt wird. Als Vorgesetzter sollten Sie Ihren Mitarbeitern eine solche positive Grundeinstellung entgegenbringen und sie als aktive Partner betrachten.

Die Führungsaufgabe für den Vorgesetzten besteht nun darin, den Mitarbeiter entsprechend seinen Fähigkeiten und Neigungen einzusetzen und weiterzuentwickeln. Der Situationsdiagnose folgt also die dynamische Umsetzung in entsprechende Führungsimpulse. Der Vorgesetzte zeigt ein zunehmend beziehungsorientiertes Verhalten gegenüber dem Mitarbeiter und läßt ihm – im aufgabenorientierten Bereich – mehr Selbständigkeit und Eigeninitiative.

Das Prinzip »Job-Rotation« gehört in die Kategorie der Personalentwicklungsinstrumente. Zur Vorbereitung auf die nächste Sprosse der Karriereleiter ist es zweckmäßig, zwei bis drei Positionen auf den vorhergehenden Führungsebenen innegehabt zu haben. Auf diese Weise erweitert sich der Blickwinkel und das Führungsspektrum.

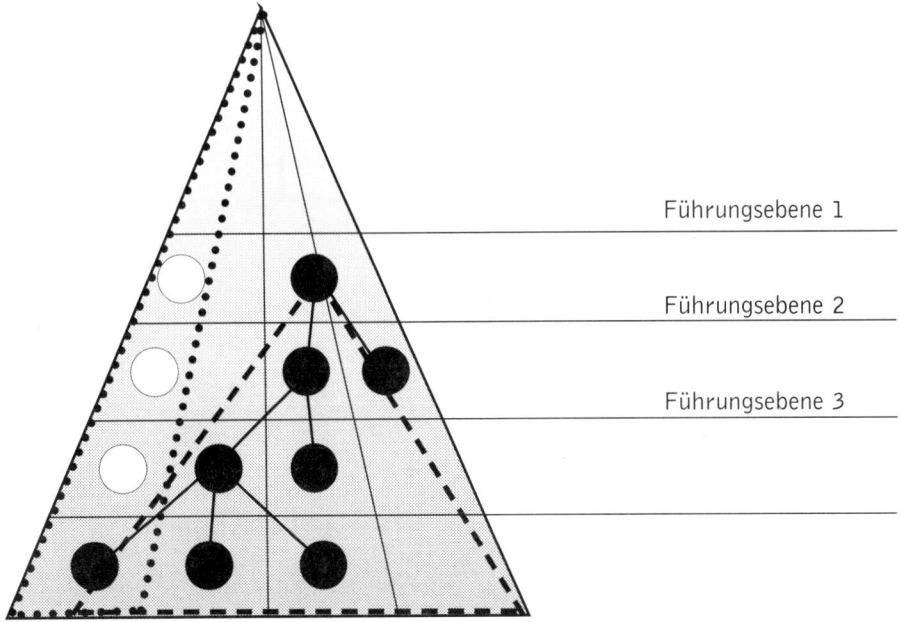

Führungsebene 1

Führungsebene 2

Führungsebene 3

.... Erfahrungsspektrum bei traditioneller Karriereentwicklung: 20 bis 30 %

------ Erfahrungsspektrum bei »Job-Rotation«: 70 bis 80 %

Wenn ein Mitarbeiter sein Können entwickelt, spielt sich eine interessante Dynamik ab. Die »Anleitung durch den Vorgesetzten« wird mehr und mehr durch die »Eigenanleitung des Mitarbeiters« ersetzt.

Die Strategie, durch die der Vorgesetzte diesen Prozeß fördert, besteht in einer immer stärkeren Verlagerung des Entscheidungsprozesses auf die Seite des Mitarbeiters. Dies bedeutet gewöhnlich:

➔ **1. Weitere Verringerung der Anleitung**
2. Reduzierung der ermutigenden Anstöße

Das mag auf den ersten Blick inkonsequent erscheinen. Zu den wirkungsvollsten Anstößen, die man einem Mitarbeiter mit starker eigener Motivation überhaupt geben kann, gehört jedoch, ihm zu erlauben, sein Vorgehen bei der Erfüllung seiner Aufgaben selbst zu bestimmen und seinen Arbeitsablauf selbst zu kontrollieren.

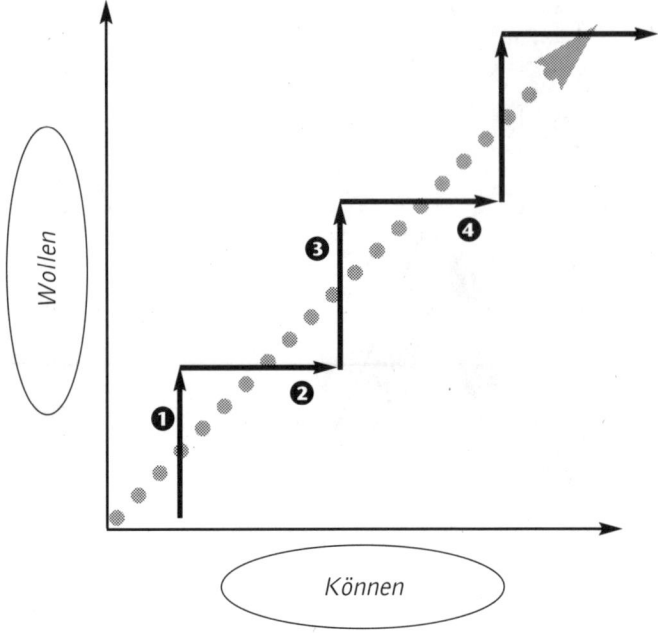

❶ mehr Selbstvertrauen/Motivation

❷ mehr Können

❸ mehr Selbstvertrauen/Motivation

❹ weitere Steigerung des Könnens

Das Können/Wollen-Profil gibt es auf jeder Führungsebene. Versuchen Sie früh-zeitig zu erkennen, wann der »Könner« die Grenzen Ihrer Organisation erreicht.

Aber auch auf den mittleren Ebenen haben Sie die Chance, durch geziel-te Personalentwicklung und -förderung die Kenntnisse und Fähigkeiten des Mit-arbeiters zum beiderseitigen Nutzen positiv einzusetzen. Die praktische Folge dar-aus:

→ **Der Mitarbeiter ist motiviert, der Betrieb profitiert.**

Das Coaching-Gespräch

Gerade bei Gesprächen zwischen Vorgesetzten und Mitarbeitern herrscht zu Beginn häufig eine sehr hohe Beziehungsspannung, die erst allmählich in Aufgabenspannung übergeht.

Tips für die Vorbereitung

- Beurteilen Sie das Verhalten Ihres Mitarbeiters, nicht dessen Person oder Persönlichkeitsmerkmale.

- Räumen Sie dem Mitarbeiter mehr Redezeit ein als sich selbst.

- Äußern Sie sich, wenn möglich, bereits im ersten Teil des Gespräches anerkennend.

- Lassen Sie den Mitarbeiter ruhig über seine Erfolge sprechen.

- Führen Sie das Gespräch mit offenen Fragen (W-Fragen).

- Reagieren Sie gelassen auf Aggressionen des Mitarbeiters.

- Führen Sie das Gespräch auch an kritischen Stellen konstruktiv.

- Ermutigen Sie den Mitarbeiter, über seine Sicht der Dinge zu sprechen.

- Beenden Sie das Gespräch möglichst mit Anerkennung bzw. Aufmunterung für die Zukunft.

Tips für die Gesprächsführung

- Führen Sie Ihre Coaching-Gespräche nicht unbedingt in Ihrem Büro. Wenn es aber nicht anders geht, dann setzen Sie sich Ihrem Mitarbeiter nicht vis-à-vis am Schreibtisch gegenüber. Ihr Schreibtisch signalisiert Macht. Benutzen Sie Ihre Sitzecke, und schalten Sie telefonische und andere Störungen aus.

- Benutzen Sie das Büro des Mitarbeiters. Das ist sein Revier. Hier ist er zu Hause. Überlegen Sie, wie Sie sich fühlen, wenn Sie zu Ihrem Chef bestellt werden.

- Haben Sie Konferenzräume? Es läßt sich dort meist recht ungestört arbeiten.

- Für längere Gespräche sollten Sie in ein Restaurant zum Essen gehen oder auf einen Drink in ein Café.

- Auch gemeinsame längere Autofahrten bieten sich für Gespräche an. Sie sind alleine mit dem Mitarbeiter. Sie sind sowieso beisammen. Sie brauchen sich lange Zeit nicht anzusehen. Das ist bei persönlichen Gesprächen oft von Vorteil, da nonverbale Reaktionen (Mimik, Gestik, Körperhaltung etc.) nur in sehr abgeschwächter Form zu beobachten sind.

- Als Rechtshänder ist es empfehlenswert, wenn Sie rechts vom Mitarbeiter sitzen. Sitzen Sie links, verdecken Sie mit Ihrer Hand beim Schreiben Ihre Notizen. Dem Unterbewußtsein des anderen wird signalisiert: »Ich verstecke etwas vor dir!«

- Viele kleinere Gespräche können bzw. sollten Sie im Stehen führen. Auch hier gilt: Stellen Sie sich im Winkel zum Mitarbeiter, nicht vis-à-vis. Vor allen Dingen nicht, wenn einer von Ihnen beiden wesentlich kleiner/größer ist!

- Nutzen Sie Spaziergänge. Warum nicht einmal in der Mittagspause einen Spaziergang durch den Park machen und dabei reden?

- Erklären Sie mit dem Bleistift. Viele Dinge lassen sich besser graphisch als verbal erklären. Fordern Sie auch den Mitarbeiter auf, sich visuell auszudrücken.

- Sorgen Sie dafür, daß Sie in Ihrem Büro (und auch die Mitarbeiter in ihren Büros) Flip-chart-Ständer haben oder mindestens abwischbare weiße Tafeln. Viele Diskussionen lassen sich besser führen, wenn man aufsteht und wichtige Punkte aufschreibt. Das Flip-chart hat dabei den Vorteil, daß Sie oder Ihr Mitarbeiter das beschriebene Blatt aufbewahren können.

- Vereinbaren Sie Termine für diese Gespräche, so wie Sie es mit Kunden oder Ihrem Chef tun würden. Seien Sie pünktlich. Am besten ein bißchen früher. Es hat auch eine positive Wirkung, wenn Sie einmal auf einen Mitarbeiter warten, zum Beispiel in seinem Büro. Das ist eine gute Gelegenheit, sich umzuschauen (nicht zu durchsuchen), mit welchen Dingen er sich im Büro umgibt. Bürogestaltungen können Ihnen ein besseres Gefühl für den anderen geben.

- Schicken Sie eventuell vor dem Gespräch ein kleines Memo, in dem Sie zusammenfassen, worüber Sie diskutieren möchten, und führen Sie ein paar Fragen und/oder Ideen an. Fordern Sie den Mitarbeiter auf, Ihnen auch ein paar Notizen zukommen zu lassen, damit Sie sich besser vorbereiten können.

■ Nützen Sie Korridorbegegnungen zum Kurz-Coaching. Viele Dinge lassen sich sozusagen im Vorübergehen in drei Minuten diskutieren.

■ Wenn Sie sich im 90°-Winkel zu Ihrem Mitarbeiter setzen, können Sie sich gegenseitig anschauen oder auch wegblicken. Wenn Sie schriftliche Unterlagen benutzen oder Notizen machen, dann sieht jeder, was der andere schreibt bzw. vor sich hat.

Fragenkatalog für Coaching-Gespräche

Den nachfolgenden Fragenkatalog können Sie sowohl bei der inhaltlichen Vorbereitung auf das Coaching-Gespräch als auch im Gespräch selbst anwenden:

1. Arbeitsausführung

■ *Was gefällt Ihnen an Ihrer jetzigen Aufgabe am meisten/am wenigsten?*

■ *Welche besonderen Schwierigkeiten müssen Sie bei Ihrer Arbeit überwinden?*

■ *Welche zusätzliche Unterstützung könnten Sie noch gebrauchen?*

■ *Wie selbständig können Sie arbeiten?*

■ *Wie weit reichen Ihre Vollmachten?*

■ *Welche Arbeitsziele halten Sie für besonders wichtig?*

2. Zusammenarbeit

■ *Wie umfassend und wie rechtzeitig werden Sie über alle Dinge informiert, die Ihre Arbeit betreffen?*

■ *Wie wurden Ihnen die Arbeitsziele bekannt gemacht?*

■ *Wie offen wird über Ihre Arbeitsergebnisse gesprochen?*

■ *Wie sicher können Sie erkennen, was gut und was verbesserungsbedürftig ist?*

■ *Wie aufgeschlossen sind Ihre Kollegen und Vorgesetzten gegenüber Verbesserungsvorschlägen und neuen Ideen?*

■ *Welche Schwierigkeiten haben Sie in der Zusammenarbeit mit Vorgesetzten, Mitarbeitern und Kollegen?*

■ *Welche Vorschläge zur Verbesserung der Leistungsfähigkeit und der Zu-friedenheit in Ihrer Arbeitsgruppe haben Sie?*

3. Berufliche Eignung und Entwicklung

■ *Unter welchen Voraussetzungen könnten Sie in Ihrer gegenwärtigen Auf-gabe Ihre Fähigkeiten noch effektiver einsetzen?*

■ *Welche zusätzlichen Fachkenntnisse würden Ihnen helfen, Ihre Arbeit noch besser zu erledigen?*

■ *Welche andere Tätigkeit oder Aufgabe wäre aus Ihrer Sicht für Sie ge-eigneter?*

■ *Welche Erwartungen und Vorstellungen haben Sie bezüglich Ihrer weite-ren beruflichen Entwicklung?*

Um sicherzustellen, daß das Mitarbeitergespräch von beiden Seiten – also auch vom Mitarbeiter – als Erfolg empfunden wird, sollten Sie ihm Gelegenheit zur Vorbereitung geben.

Eine rechtzeitige Information des Mitarbeiters über den Termin sowie über die Ziele des Gespräches kann sowohl in schriftlicher als auch in mündlicher Form erfolgen. In beiden Fällen gilt es zu bedenken, ob und wieweit Sie dem Mit-arbeiter zur Vorbereitung auf ein solches Gespräch bestimmte Schlüsselfragen bzw. Gliederungspunkte vorstrukturieren.

Die nachfolgende Grafik zeigt die klassische Struktur für Zielvereinbarungssysteme und -gespräche.

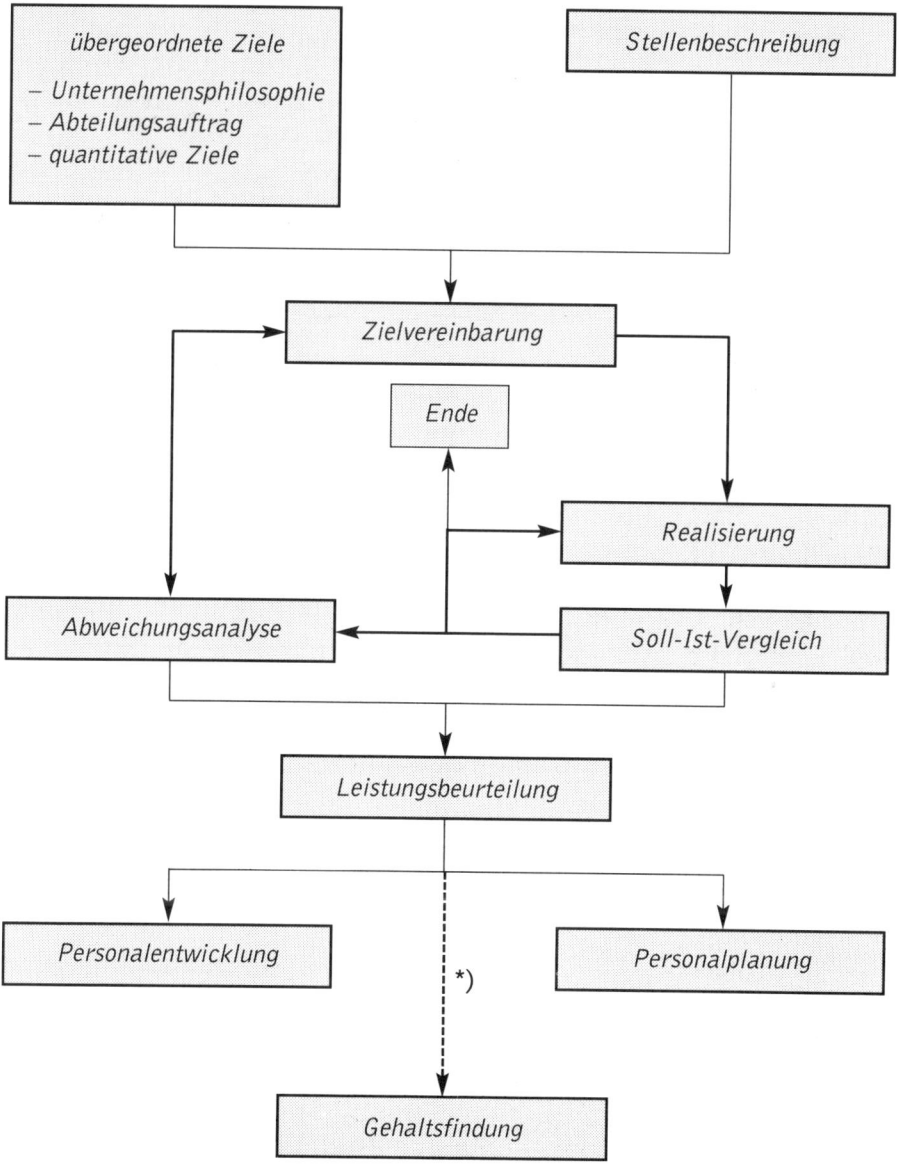

*) Eine Verbindung zwischen Leistungsbeurteilung und Gehaltsfindung kann es geben, ist aber nicht zwingend erforderlich.

Zielvereinbarungsgespräche

Das klassische »jährliche« Mitarbeitergespräch gliedert sich in drei Elemente:

- Standortbestimmung (Wo stehen wir heute?)

- Leistungsbeurteilung (Wie beurteilen wir die abgelaufene Leistungsperiode?)

- Zielvereinbarung (Wie soll es weitergehen?)

Coaching heißt, mit dem Mitarbeiter die Situation analysieren und aus der Vergangenheit lernen. Gemeinsam können Sie nun Ziele für die Zukunft erarbeiten und in einer schriftlichen Zielvereinbarung zusammenfassen.

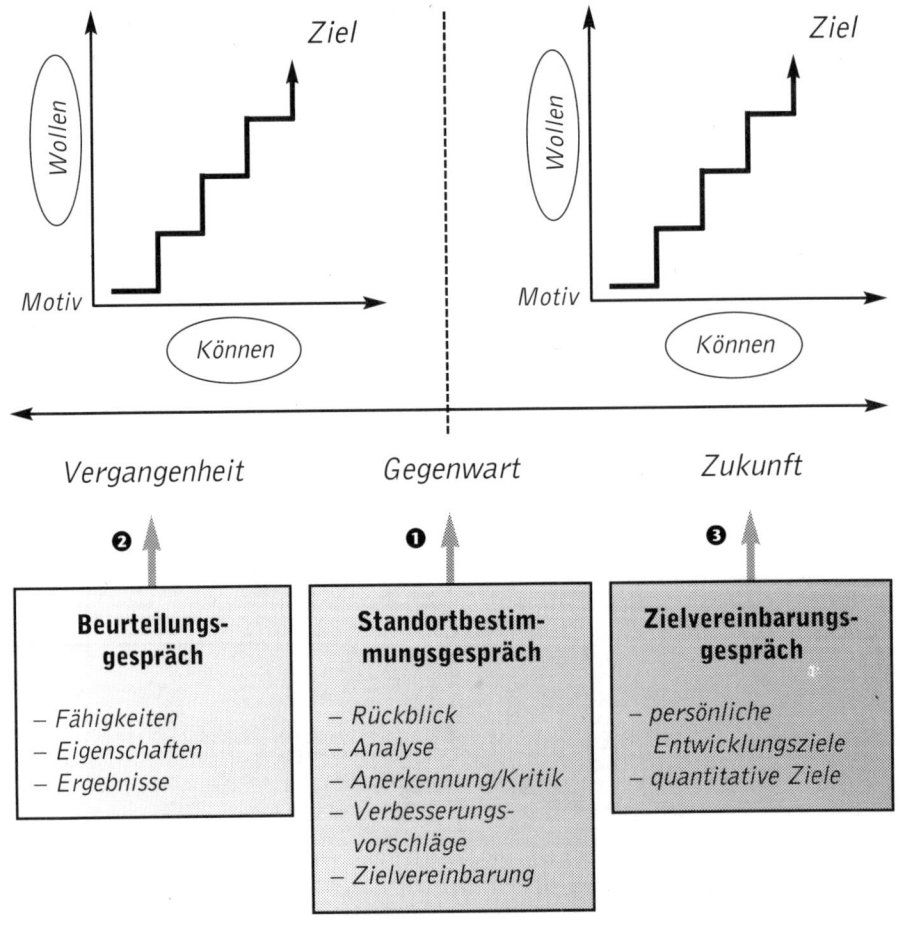

Ein neuer Mitarbeiter kommt – und keiner ist für ihn da. So, oder so ähnlich geht es vielen neuen Mitarbeitern an ihrem ersten Arbeitstag.

Während es für Personalabteilung und Führungskräfte zum üblichen Tagesgeschäft gehört, neue Mitarbeiter einzustellen, ist der erste Tag an einem neuen Arbeitsplatz für den »Neuen« doch mit einer ganzen Menge Streß verbunden.

Eine systematische Vorbereitung der künftigen Kollegen und Vorgesetzten auf die Einarbeitungszeit des neuen Mitarbeiters, bis hin zur Erstellung eines systematischen Einarbeitungsplanes, kann hier Abhilfe schaffen.

Nachfolgend einige Tips für eine möglichst reibungslose Eingliederung des neuen Mitarbeiters.

Vor Dienstantritt

Wenn ein neuer Mitarbeiter den Vertrag unterzeichnet hat, vergehen vom Zeitpunkt der Unterschrift bis zum ersten Arbeitstag meist noch mehrere Wochen und Monate.

Schon diese Zeit kann ein Unternehmen nutzen, um den Kontakt zum Neuen zu vertiefen; etwa durch Zusendung der Firmenzeitschrift oder anderer Informationen.

Fällt der Geburtstag des Kandidaten in diesen Zeitraum, ist es eine nette Geste, ihm zu gratulieren. Findet in dieser Zeit eine größere Betriebsfeier statt, sollte der neue Kollege eine Einladung erhalten.

Stehen zwischen Vertragsabschluß und Arbeitsbeginn wichtige Entscheidungen über das zukünftige Arbeitsgebiet des Neuen an, sollte er informiert und, wenn möglich, in die Entscheidung einbezogen werden.

Erster Tag

Der Arbeitsplatz oder das Büro des Neuen sollte vorbereitet und mit allen notwendigen Arbeitsutensilien ausgestattet sein. Ein bis zwei Stunden sollten für die Vorstellung bei den Kollegen, Vorgesetzten und dem Betriebsrat eingeplant werden. Falls der direkte Vorgesetzte des neuen Mitarbeiters an dessen erstem Arbeitstag verhindert ist, muß das dem neuen Kollegen mitgeteilt werden.

Im Zweifelsfalle ist es besser, wenn er erst einen Tag später anfängt, damit er dann von seinem zukünftigen Chef begrüßt und vorgestellt werden kann.

Spielregeln

Es ist unerläßlich, den Neuen gleich am ersten Tag mit den wichtigsten Usancen des Unternehmens vertraut zu machen. So muß er nicht nur wissen, wann für gewöhnlich Arbeitsbeginn und -ende ist, er sollte auch erfahren, welche »dummen« Fehler er von Anfang an vermeiden kann.

Integration

Gemeinsam mit dem neuen Mitarbeiter sollten Sie in der ersten Woche einen Einarbeitungsplan erstellen. Darin werden die wichtigsten Stationen seiner ersten sechs Monate und Termine mit wichtigen Gesprächspartnern fixiert, damit der Neue weiß, mit wem er kommunizieren muß.

Tutor/Pate

Für viele neue Mitarbeiter ist es hilfreich, ihnen einen Tutor/Paten zur Seite zu stellen, mit dem sie – unabhängig von den Diskussionen mit dem direkten Chef – reden können. Der Tutor kann auch abseits von fachlichen Fragen zu Rate gezogen werden.

Orientierung

Es ist notwendig, daß der direkte Vorgesetzte regelmäßig mit dem neuen Kollegen spricht. In diesen Orientierungsgesprächen sollte man konkrete Ziele vereinbaren, die dann in jeweils darauffolgenden Treffen überprüft werden. So können Unternehmen und Mitarbeiter die gegenseitigen Erwartungen ständig erfragen.

Probezeit

Sobald sich direkte Vorgesetzte und Personalabteilung ein positives Bild vom Neuen gemacht haben, sollte er darüber informiert werden. Einen Mitarbeiter wochenlang »zappeln« zu lassen, obwohl schon nach der Hälfte der Zeit feststeht, daß er übernommen wird, ist nur ein taktisches Machtspiel.

Sind die Unternehmensvertreter mit den Leistungen eines Probezeitlers nicht zufrieden, sollten sofort intensive Gespräche mit den direkt Beteiligten geführt werden. In diesen Gesprächen sollte sachlich und nachdrücklich nach den Ursachen für diese Unzufriedenheit und nach möglichen Lösungen gesucht werden. Notfalls kann ein externer Moderator hinzugezogen werden.

Kommt es doch zu einer Trennung vom Kandidaten, sollte er fair behandelt und rechtzeitig davon unterrichtet werden, damit er sich nicht überstürzt nach einem neuen Arbeitsplatz umschauen muß.

Wenn Sie als Vorgesetzter einen maximalen Nutzen für das Unternehmen, den Mitarbeiter und sich selbst erzielen möchten, dann sollten Sie regelmäßig Ihre Beobachtungen bzw. Gesprächsergebnisse dokumentieren.

Neben den – in vielen Betrieben üblichen – Gesprächsleitfäden für Mitarbeitergespräche können Sie sich selbst eine Kurzübersicht erstellen, in der Sie die folgenden vier Punkte festhalten:

1. Mitarbeiterstatus

2. Lernverhalten

3. Verhaltensmotive

4. Entwicklungsziele

Das nebenstehende Übersichtsblatt faßt diese Punkte visuell zusammen und gibt Ihnen eine schnelle und zuverlässige Übersicht, die Sie als Checkliste verwenden können.

Personalentwicklung

Mitarbeiter: _____   Datum: _____

Mein zukünftiges Führungsverhalten/Maßnahmen:

_____

_____

_____

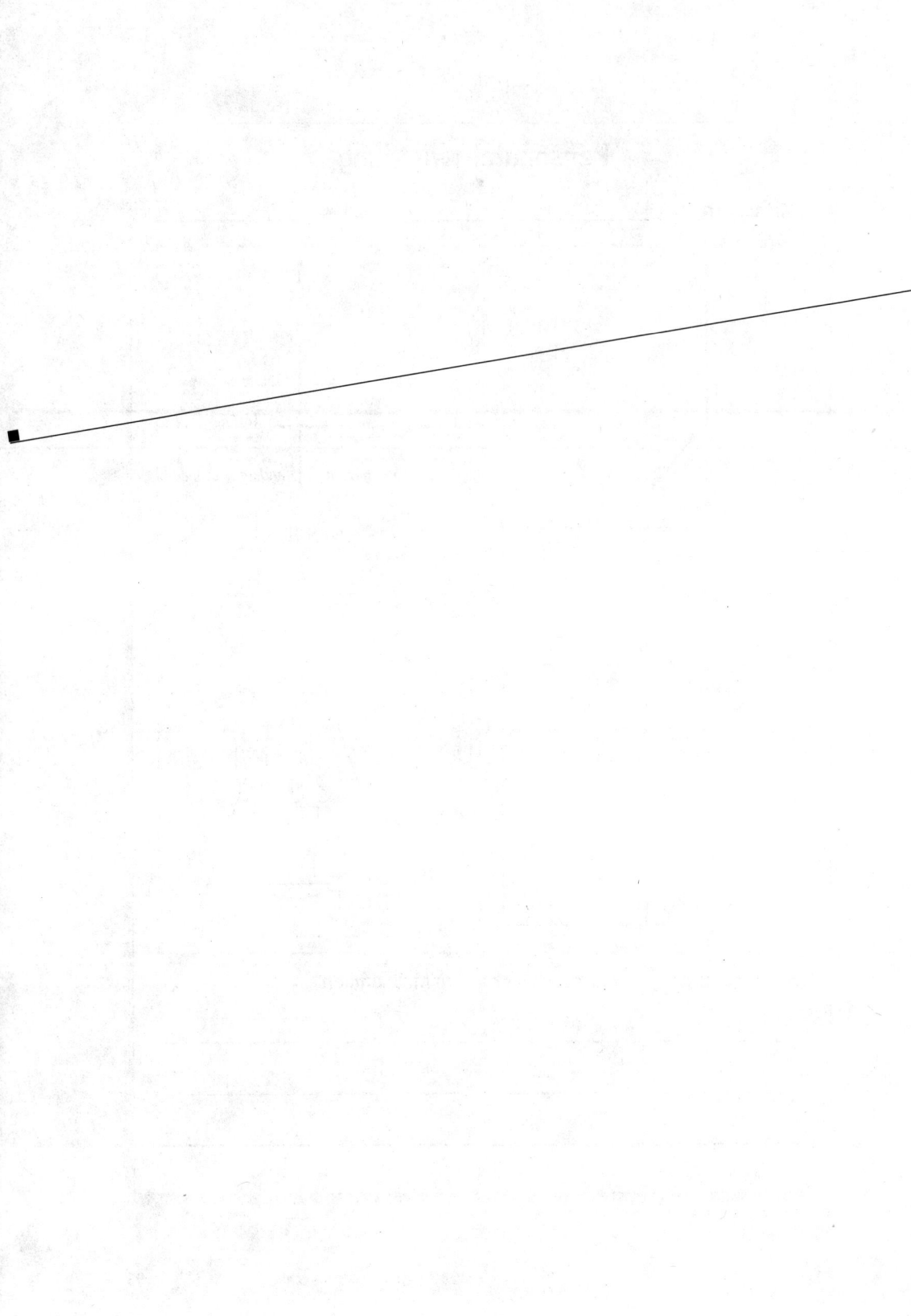

Teil 7:
Fallbeispiele

Die nachfolgenden Fallbeispiele aus der Berufspraxis sollen Ihnen Gelegenheit geben, sich mit dem Thema »Führen – Fördern – Coachen« vertraut zu machen. Versetzen Sie sich in die Situation des Vorgesetzten, und versuchen Sie anhand der Strukturierungsfragen den Fall so zu lösen, wie es Ihren Vorstellungen und Zielen entspricht. Denken Sie aber bitte daran, daß Sie nur über die Motive der Mitarbeiter eine Verhaltensänderung bewirken können.

1. Welche Gründe könnten für das Verhalten des Mitarbeiters bestimmend sein?

2. Welche Minimal- bzw. Maximalzielsetzung haben Sie für dieses Gespräch?

3. Welche Information wollen Sie erhalten/geben?

4. Welche Fragen wollen Sie stellen?

5. Welche Vorgehensweise/Maßnahme schlagen Sie vor?

Sie sind Bereichsleiter Einkauf und Logistik. Einer Ihrer Abteilungsleiter ist Herr Thiel, der vor zwei Wochen neu in Ihre Abteilung kam. (Sie waren auf Geschäftsreise.) Sie glauben, daß Herr Thiel ein recht guter Abteilungsleiter werden könnte.

Herr Thiel übernimmt den Bereich Einkauf, den vorher Herr Gruber geleitet hat. Herr Gruber war in den letzten drei Jahren ein erfolgreicher Einkaufsleiter. Vor kurzem wurde er von einer anderen Firma abgeworben und dort zum Direktor befördert. Sie sind sehr daran interessiert, daß das Arbeitszeitmodell, welches Herr Gruber vor eineinhalb Jahren eingeführt hat, von Herrn Thiel nahtlos weitergeführt wird. Die Ergebnisse dieses Modells haben Vorzeigecharakter und sollen beim Vorstand präsentiert werden. Da die nächste Vorstandssitzung ansteht, sind Sie unter Zeitdruck geraten und müssen den Neuen in diese Aufgabe einbinden.

1. Welche Minimal- bzw. Maximalzielsetzung haben Sie für dieses Gespräch?

2. Welche Information wollen Sie erhalten/geben?

3. Welche Fragen wollen Sie stellen?

4. Welche Vorgehensweise/Maßnahme schlagen Sie vor?

Sie machen sich etwas Sorgen um einen guten Mann. Herr Müller ist seit etwa drei Jahren bei Ihnen. Er ging mit viel Schwung an seine neue Vertriebsaufgabe und kam auch mit den Kunden gut zurecht. Seine Leistungen haben Sie bereits mit einer Prämie gewürdigt.

Neuerdings fällt Ihnen auf, daß sich Kunden – bereits zweimal – über Herrn Müller beklagten (Angebot verspätet abgegeben, Termin versäumt etc.). So kennen Sie Ihren Herrn Müller eigentlich nicht. Als er heute auch beim Abteilungsmeeting erst kurz vor Schluß erschien, haben Sie beschlossen, ihn zu einem Gespräch zu bitten.

1. Welche Gründe könnten für das Verhalten des Mitarbeiters bestimmend sein?

2. Welche Minimal- bzw. Maximalzielsetzung haben Sie für dieses Gespräch?

3. Welche Information wollen Sie erhalten/geben?

4. Welche Fragen wollen Sie stellen?

5. Welche Vorgehensweise/Maßnahme schlagen Sie vor?

Einem Mitarbeiter wurde sein beantragter Jahresurlaub von fünf Wochen durch seinen Abteilungsleiter abgelehnt, da in diesem Zeitraum für Stabstätigkeiten ein anderer Kollege freigestellt werden soll. Ihr Mitarbeiter hat den Urlaub als Fernreise geplant und mit seiner Frau abgestimmt.

Sie müssen sich einem Gespräch stellen (guter Mitarbeiter).

1. Welche Minimal- bzw. Maximalzielsetzung haben Sie für dieses Gespräch?

2. Welche Information wollen Sie erhalten/geben?

3. Welche Fragen wollen Sie stellen?

4. Welche Vorgehensweise/Maßnahme schlagen Sie vor?

Sie sind als Bereichsleiter erst seit kurzem in der Firma. Es wird Ihnen von Kollegen und Mitarbeitern zugetragen, daß eine Ihrer Nachwuchsführungskräfte sich angeblich damit brüstet, es mit Berichten, Forecasts und derlei »Verwaltungskram« nicht so ernst zu nehmen. Insbesondere gegenüber jüngeren Kollegen und neuen Mitarbeitern macht er aus seiner Einstellung keinen Hehl.

Nach sorgfältiger Überlegung haben Sie sich dazu entschlossen, der Sache auf den Grund zu gehen und ein klärendes Gespräch mit dem Betreffenden zu führen.

1. Welche Gründe könnten für das Verhalten des Mitarbeiters bestimmend sein?

2. Welche Minimal- bzw. Maximalzielsetzung haben Sie für dieses Gespräch?

3. Welche Information wollen Sie erhalten/geben?

4. Welche Fragen wollen Sie stellen?

5. Welche Vorgehensweise/Maßnahme schlagen Sie vor?

Herr Adler, 32 Jahre, ist bereits seit drei Jahren in der Firma. Er gehört zum Führungsnachwuchs und wartet auf eine entsprechende Beförderung durch Sie. Seine Arbeit macht er ordentlich, und Sie können sich auf ihn verlassen. Für manche Dinge braucht er etwas länger, aber er wird sein Ziel schon erreichen. Deshalb haben Sie sich bei einer kurzfristig erforderlichen Beförderung für einen Kollegen von Herrn Adler entschieden.

Heute hat Herr Adler aufgeregt um ein Gespräch mit Ihnen gebeten, weil er sich in seiner Karriere-Entwicklung benachteiligt fühlt.

1. Welche Minimal- bzw. Maximalzielsetzung haben Sie für dieses Gespräch?

2. Welche Information wollen Sie erhalten/geben?

3. Welche Fragen wollen Sie stellen?

4. Welche Vorgehensweise/Maßnahme schlagen Sie vor?

Da durch Stellenwechsel bzw. Abstellung für ein Messeprojekt in Ihrer Abteilung derzeit zwei qualifizierte Mitarbeiter fehlen, müssen sowohl Sie als Abteilungsleiter als auch die übrigen Mitarbeiter sich zusätzlich um die Betreuung der »verwaisten« Kunden kümmern. Für Führungsaufgaben bleibt Ihnen da im Augenblick wenig Zeit.

Nach einigen Wochen bemerken Sie, daß einer Ihrer Mitarbeiter mit ansonsten guten bis durchschnittlichen Leistungen sich an dieser Aktion beharrlich nicht beteiligt und sich nur um seine Aufgaben kümmert.

Andere Mitarbeiter halten Ihnen bereits vor, nichts dagegen zu unternehmen. Sie sind im Zugzwang und müssen ein Gespräch mit dem Betreffenden führen.

1. Welche Gründe könnten für das Verhalten des Mitarbeiters bestimmend sein?

2. Welche Minimal- bzw. Maximalzielsetzung haben Sie für dieses Gespräch?

3. Welche Information wollen Sie erhalten/geben?

4. Welche Fragen wollen Sie stellen?

5. Welche Vorgehensweise/Maßnahme schlagen Sie vor?

In Ihrer Produktionsgruppe sind krankheits- bzw. urlaubsbedingt derzeit erhebliche personelle Engpässe zu überwinden (35 Prozent Fehlquote). Da die pünktliche Abwicklung eines wichtigen Auftrages zu scheitern droht, haben Sie an alle Führungskräfte appelliert, durch Überstunden und Zusatzschichten den Engpaß zu überbrücken.

Nach kurzer Zeit wird Ihnen zugetragen, daß ein Abteilungsleiter sich offensichtlich querlegt. Da andere sich bereits hierüber beschweren, müssen Sie ein Gespräch mit dem Betreffenden führen.

1. Welche Gründe könnten für das Verhalten des Abteilungsleiters bestimmend sein?

2. Welche Minimal- bzw. Maximalzielsetzung haben Sie für dieses Gespräch?

3. Welche Information wollen Sie erhalten/geben?

4. Welche Fragen wollen Sie stellen?

5. Welche Vorgehensweise/Maßnahme schlagen Sie vor?

Mitarbeiter aus einer Produktionsschiene beschweren sich bei Ihnen über Ihren Schichtleiter. Er habe keine Zeit für Gespräche über Verbesserungen im Arbeitsablauf und verweise einfach darauf, daß man lieber seine Arbeit machen solle.

Auch bei persönlichen Anliegen der Mitarbeiter verhalte er sich sehr abweisend. Da Sie sich Sorgen um die Produktivität und das Betriebsklima machen, haben Sie den Betreffenden zu einem Gespräch gebeten.

1. Welche Gründe könnten für das Verhalten des Schichtleiters bestimmend sein?

2. Welche Minimal- bzw. Maximalzielsetzung haben Sie für dieses Gespräch?

3. Welche Information wollen Sie erhalten/geben?

4. Welche Fragen wollen Sie stellen?

5. Welche Vorgehensweise/Maßnahme schlagen Sie vor?

Teil 8:
Zehn goldene Regeln

1. Mitarbeiter sind Ihr wichtigster Aktivposten.

2. Erkennen Sie die Motive Ihrer Mitarbeiter.

3. Berücksichtigen Sie den Lerntyp.

4. Führen Sie durch Fragen.

5. Kommunizieren Sie Ihre Ziele und Absichten.

6. Wählen Sie den angemessenen Gesprächsrahmen.

7. Führen Sie Kritikgespräche immer unter vier Augen.

8. Ermutigen Sie zur Selbständigkeit.

9. Der Mensch lernt aus Fehlern.

10. Delegieren heißt Entlastung für Sie und Lernchancen für den Mitarbeiter.

Literaturverzeichnis

Besser, C./Siegmund, H.: Coach Yourself, 2. Auflage, Düsseldorf 1993

Brinkmann, R.: Mitarbeiter Coaching, Arbeitshefte zur Führungspsychologie, Bd. 22, Heidelberg 1994

Czichos, R.: Coaching = Leistung durch Führung, München 1991

Eibl-Eibesfeld, I.: Die Biologie menschlichen Verhaltens, München 1984

Fischer, R./Ury W.: Das Harvard Konzept, 9. Auflage, Frankfurt 1990

Heinen, E.: Betriebswirtschaftliche Führungslehre, 2. Auflage, Wiesbaden 1984

Herzberg, F.: The Motivation to work, New York 1959

Hopfenbeck, W.: Allgemeine Betriebswirtschafts- und Managementlehre, 6. Auflage, Landsberg 1992

Knebel, H.: Taschenbuch für Personalbeurteilung, 7. Auflage, Heidelberg, 1988

Kroeber-Riehl, W.: Konsumentenverhalten, München 1991

Maslow, A. H.: Motivation und Persönlichkeit, Hamburg 1994

Molcho, S.: Körpersprache, München 1983

Morris, D.: Der Mensch, mit dem wir leben, Zürich 1982

Pervin, L. A.: Persönlichkeitstheorien, 3. Auflage, UTB 1993

Rischar, K.: Schwierige Mitarbeitergespräche, München 1990

v. Rosenstiel, L.: Motivation im Betrieb, München 1972

Seiwert, L.: Mehr Zeit für das Wesentliche, 13. Auflage, Landsberg 1992

Sprenger, R. K.: Mythos Motivation, 7. Auflage, Frankfurt/New York 1994

Watzlawick, P.: Anleitung zum Unglücklichsein, 12. Auflage, München 1995

Weinert, A.: Lehrbuch der Organisationspsychologie, München 1981

Zander, E./Knebel, H.: Taschenbuch für Leistungsbeurteilung, 2. Auflage, Heidelberg 1982

Folgende Titel der Reihe »New Business Line« sind lieferbar:

Management

Hans-Jürgen Kratz
Anerkennung und Kritik
So vermeiden Sie die klassischen Fehler

Kurt Hanks
Die Kunst der Motivation
Wie Manager ihren Mitarbeitern Ziele setzen und
Leistungen honorieren – Ideen/Konzepte/
Methoden

Lynn Tylczak
Die Produktivität der Mitarbeiter steigern
Kosten reduzieren – Produktqualität, Service-
qualität und Moral erhöhen – basierend auf Wert-
Management-Prinzipien

Cynthia D. Scott/Dennis T. Jaffe
**Empowerment – mehr Kompetenz den
Mitarbeitern**
So steigern Sie Motivation, Effizienz und
Ergebnisse

Robert B. Maddux
Erfolgreich delegieren
Schlüsselfaktoren – Analyse der persönlichen
Delegationsfähigkeit – Entwicklung eines
Aktionsplans – Fallstudien – Checklisten

Charles Martin
Existenzgründung leichtgemacht
Ein Leitfaden für Unternehmer

Axel Gloger
Franchising
Die Lizenz zum Erfolg

Michael F. Petz
Führen – Fördern – Coachen
Wie man Mitarbeiter zum Erfolg führt

Pat Heim/Elwood N. Chapman
Führungsgrundlagen
Ein Entwicklungsprogramm für erfolgreiches
Management

Marylin Manning/Patricia Haddock
Führungstechniken für Frauen
Ein Stufenplan für den Management-Erfolg

Gerald Bandzauner
Internet – Grundlagen und Anwendungen
DFÜ (Datenfernübertragung) – Dienste im
Internet – Netiquette: Regeln im Internet –
Checkliste zur Einführung von Internet

James G. Patterson
ISO 9000
Globaler Qualitätsstandard – Kosten-Nutzen-
Relation – Die zwanzig Elemente – Qualitäts-
Checklist

Herbert S. Kindler
Konflikte konstruktiv lösen
Produktive Teamarbeit – Streß und Spannungen
abbauen – Lösungsvorschläge – Fallstudien –
Checklisten

Hans-Jürgen Kratz
Mobbing
Erkennen, Ansprechen, Vorbeugen
2., aktualisierte Auflage

Marion E. Haynes
Projekt-Management
Von der Idee bis zur Umsetzung
Der Projekt-Lebenszyklus – Faktor Qualität/
Zeit/Kosten – Erfolgreicher Abschluß

Diane Bone/Rick Griggs
Qualität am Arbeitsplatz
Leitfaden zur Entwicklung von hohen Personal-
Qualitäts-Standards – Beispiele, Übungen,
Checklisten

Herbert S. Kindler
Risiko übernehmen
Nur wer wagt, gewinnt

Rick Conlow
Spitzenleistungen im Management
Wie man Mitarbeiter dazu anspornt, ihr Bestes zu
geben – 6 Schlüsselfaktoren

Robert B. Maddux
Team-Bildung
Gruppen zu Teams entwickeln – Leitfaden zur
Steigerung der Effektivität einer Organisation

Marketing/Verkauf/PR

Richard Gerson
Der Marketingplan
Stufenweise Entwicklung – Umsetzung in die Pra-
xis – Checklisten und Formulare

Michael Kapfer-Klug/Patricia Essl
Direktwerbung
Ein praktischer Leitfaden

Elwood N. Chapman
Verkaufstraining – Einführungskurs
Psychologie des Verkaufens – Fragetechniken –
Verkaufsabschluß – Telefonverkauf

Peter Brückner
Das Firmenjubiläum als Marketinginstrument
Top-Events planen – Medien einbinden –
Neukunden gewinnen – Absatz fördern

Controlling/Finanz- und Rechnungswesen

Peter Kralicek
Bilanzen lesen – Einführung
Keine Angst vor Kennzahlen

Terry Dickey
Grundlagen der Budgetierung
Informationsgrundlagen – effiziente Planung –
Techniken der Budgetierung – Prognosen und
Controlling-Ergebnisse

Peter Kralicek
Grundlagen der Finanzwirtschaft
Bilanzen – Gewinn- und Verlustrechnung – Cash-
flow – Kalkulationsgrundlagen – Finanzplanung –
Frühwarnsysteme

Peter Kralicek
Grundlagen der Kalkulation
Kosten planen und kontrollieren/Kosten-
senkungsprogramm/Preisuntergrenzen und
Zielpreise/Methoden/Fallbeispiele

Roman Hofmeister
Management by Controlling
Philosophie – Instrumente – Organisations
voraussetzungen – Fallbeispiele

Candace L. Mondello
So kommen Sie schneller zu Ihrem Geld
Inkassosysteme/Kreditprogramm/Risikokontrolle

Wirtschaftsrecht

Horst Auer (Österreich)
Ulrich Weber (Deutschland)
Rechtsgrundlagen für GmbH-Geschäftsführer
Geschäftsführung und Vertretung – Weisungen –
zivil- und strafrechtliche Haftung – Abgaben-,
Sozialversicherungs-, Gewerbe- und Verwaltungs-
strafrecht – Gesetzestexte, Musterverträge

Personalwesen

Hans-Jürgen Kratz
Neue Mitarbeiter erfolgreich integrieren
Nutzen Sie ein praxiserprobtes Einführungs-
konzept

Robert B. Maddux
Professionelle Bewerberauslese
Interviews optimal vorbereiten – Stärken-
und Schwächenkatalog – die sieben
unverzeihlichen Fehler – Kriterien für die
richtige Entscheidung

Elwood N. Chapman
Teilzeitkräfte richtig einsetzen und führen
Arbeit optimieren – Kosten reduzieren

Lilo Schmitz, Birgit Billen
Mitarbeitergespräche
lösungsorientiert – klar – konsequent

Arbeitstechniken

Gabriele Cerwinka, Gabriele Schranz
Der optimale Umgang mit Chefs
Cheftypen, Chefanalyse, Chefgespräch, Chefkritik

Robert B. Maddux
Erfolgreich verhandeln
Entwicklung einer Gewinn(er)-Philosophie –
8 schwerwiegende Fehler – 6 Grundschritte zu
professioneller Verhandlungstechnik

Peter Kürsteiner
Gedächtnistraining
Grundlagen der Gedächtniskunst – Hören und
zuhören – Namen merken kein Problem – Zahlen
merken eine Kunst – Lesen, verstehen, behalten –
praxisnahe Übungen

Marion E. Haynes
Konferenzen erfolgreich gestalten
Wie man Besprechungen und Konferenzen plant
und führt

Carol Kinsey Goman
Kreativität im Geschäftsleben
Eine praktische Anleitung für kreatives Denken

Petra Rietsch
Multimedia-Anwendungen
Was Auftraggeber wissen sollten
– Zielgruppen, Einsatzorte, Einsatzformen
– Vorbereitung der Inhalte – Kostenfaktoren
– Wahl des Auftragnehmers – Checklisten

Kommunikation

Phillip Bozek
**50 Ein-Minuten-Tips für erfolgreichere
Kommunikation**
Techniken für effizientere Konferenzen, schriftliche Mitteilungen und Präsentationen

William L. Nothstine
Andere überzeugen
Ein Leitfaden der Beeinflussungsstrategien

Venda Raye-Johnson
Beziehungen aufbauen
Erprobte Techniken für Ihren Karriereerfolg/
So schaffen Sie ein Netzwerk verläßlicher
Kontakte

Peter Weghorn
Der Rhetorik-Profi
Kommunikationssituationen/Frage-
techniken/Schlagfertigkeit und Übungen/
Praktische Tips, Tricks und Hinter-
gründe

Emil Hierhold/Erich Laminger
Gewinnend argumentieren
konsequent – erfolgreich – zielsicher

Roman Braun
NLP – eine Einführung
Kommunikation als Führungsinstrument

Diane Bone
Richtig zuhören – Mehr erreichen
Ein praktischer Leitfaden zu effektiver
Kommunikation

Stefan Czypionka
Umgang mit schwierigen Partnern
Erfolgreich kommunizieren mit Kunden,
Mitarbeitern, Kollegen, Vorgesetzten u. a. m.
(2., aktualisierte Ausgabe)

Weiterbildung/Karriere

Nancy Struck
Arbeiten von zu Hause
Mehr Vorteile durch Tele- und Heimarbeit

Diane Berk
**Optimale Vorbereitung für Ihr
Bewerbungsgespräch**
So bekommen Sie Ihren Traumjob

Elwood N. Chapman
Überzeugen in der Probezeit
Die ersten 30 Tage im Job – der gelungene
Einstieg

Wir schicken Ihnen gerne kostenlos und unverbindlich unseren
New-Business-Line-Prospekt sowie Informationen zu unserem
Verlag:

Wirtschaftsverlag Carl Ueberreuter

D-60439 Frankfurt, Lurgiallee 6–8
Telefon 069/58 09 050
Fax 069/58 09 05/10
http://www.ueberreuter.de

A-1091 Wien, Alserstraße 24
Telefon 01/40 444-0
Fax 01/40 444-156
http://www.ueberreuter.at